IGNATIANA SHONGEDZA

Éducation des femmes en Afrique australe

Bilan et perspectives

Préface de Jean-Baptiste Fotso-Djemo

L'HARMATTAN

Etudes Africaines

Collection dirigée par Denis Pryen et François Manga Akoa

Dernières parutions

Albert M'PAKA, *Démocratie et vie politique au Congo-Brazzaville*, 2007.

Jean-Alexis MFOUTOU, *Coréférents et synonymes du français au Congo-Brazzaville. Ce que dire veut dire*, 2007.

Jean-Alexis MFOUTOU, *La langue française au Congo-Brazzaville*, 2007.

Mouhamadou Mounirou SY, *La protection constitutionnelle des droits fondamentaux en Afrique. L'exemple du Sénégal*, 2007.

Cheikh Moctar BA, *Etude comparative entre les cosmogonies grecques et africaines*, 2007.

Mohamed Saliou CAMARA, *Le pouvoir politique en Guinée sous Sékou Touré*, 2007.

Pierre SALMON, *Nouvelle introduction à l'histoire de l'Afrique*, 2007.

Pierre KAMDEM, *Camerounais en Ile-de-France*, 2007.

Vincent MULAGO, *Théologie africaine et problèmes connexes. Au fil des années (1956 – 1992)*, 2007.

COLLECTIF, *L'Afrique, histoire d'une longue errance, Colloque au Lucernaire du 24 et 25 mars 2007*, 2007

BOUOPDA Pierre Kamé, *Cameroun, les crises majeures de la présidence Paul Biya*, 2007.

André MBENG, *Recueil de chansons épiques du peuple bassa du Cameroun*, 2007.

Souraya HASSAN HOUSSEIN, *Économie du développement et changements institutionnels et organisationnels*, 2007.

André Julien MBEM, *L'Afrique au cœur de l'Europe. Quel projet pour le Nouveau Monde qui vient ?*, 2007.

Djibo HAMANI, *L'Islam au Soudan Central*, 2007.

William BOLOUVI, *Quel développement pour l'Afrique subsaharienne ?*, 2007.

Simon-Pierre E. MVONE NDONG, *Bwiti et christianisme*, 2007.

Simon-Pierre E. MVONE NDONG, *Imaginaire de la maladie au Gabon*, 2007.

Claude KOUDOU (sous la direction de), *Côte d'Ivoire : Un plaidoyer pour une prise de conscience africaine*, 2007.

5-7 rue de l'École Polytechnique ; Paris 5e
www.librairieharmattan.com
harmattan1@wanadoo.fr
diffusion.harmattan@wanadoo.fr

ISBN : 978-2-296-03447-1
EAN : 9782296034471

Préface

Le psychologue et le chercheur en anthropologie psychanalytique que je suis, ne peut manquer d'observer que l'objet d'étude (« l'évolution de l'éducation des femmes en Afrique australe »), bien que travail universitaire avec toutes ses exigences de distanciation méthodologique et théorique qu'on nomme objectivité, concerne l'auteure de ce brillant texte, dans son parcours personnel. Sans recours à une abusive interprétation transférentielle, l'on note que le parcours migratoire d'Ignatiana Shongedza, de son Zimbabwe natal à la France, du diplôme de français FLE (1979) aux Sciences de l'éducation et à la Démographie, témoigne et sert de révélateur, à cette place des femmes dans l'éducation et au passage de l'éducation dite traditionnelle à la scolarisation introduite par la colonisation, en Afrique australe : l'auteure fait désormais partie des élites, à l'instar des femmes qui accèdent à l'enseignement supérieure. D'ailleurs la démarche pluridisciplinaire et la méthodologie interculturelle qu'elle revendique, conduit naturellement, lorsqu'on étudie l'alphabétisation et la scolarisation, à observer une différence notoire entre garçons et filles quant au taux de fréquentation et quant à la réussite, non seulement d'un pays à l'autre, mais en fonction du niveau d'instruction du milieu familial. En tout cas, la problématique et les hypothèses mettent en interaction les institutions socioculturelles traditionnelles et l'impact des colonisations : produisant acculturation, enculturation et interculturation. C'est là que devient problématique, les distinctions entre éducation formelle (institutionnelle) et informelle, si l'on veut prendre l'école et ses différents niveaux, comme référence. De même que se trouve problématique, la distinction entre éducation et instruction : sauf à considérer l'une et l'autre dans leur rapport aux apprentissages et aux connaissances plus ou moins pratiques dans leurs applications à la vie quotidienne (connaissance et relation avec son environnement).

L'auteure a choisi de s'appuyer sur une comparaison entre plusieurs pays de l'Afrique Australe : dans chaque pays, et transversalement, elle s'intéresse aux différents peuples de cette région

(San, Khoi, Khoisan, Bantous...), offrant ainsi au lecteur, de pertinentes analyses. Pour ce faire, la différence qu'elle opère entre « éducation traditionnelle » (comme « éducation informelle »), et l'instruction (« éducation formelle » liée aux apports de la colonisation), tout en étant très éclairante sur les enjeux du « développement durable », laisse ouverte la distinction de l'UNESCO, entre « éducation non scolaire » et « éducation scolaire », puisque se repose la question de « l'éducation périscolaire » (« non formelle ») qu'est par exemple, la nécessaire alphabétisation des adultes dans les zones rurales en particulier, par une « alphabétisation fonctionnelle ». Une chose est certaine : qu'il s'agisse de garçons ou de filles, l'éducation traditionnelle se caractériserait par une sorte de convergences entre l'objet de la connaissance (contenus et finalités), et les moyens (notamment humains) des apprentissages. L'on pense au rôle de la famille et à la place de l'initiation et des rites de passage, à la culture globale (une sorte de polyvalence) et à l'oralité. Les risques d'acculturation y sont moindres qu'avec le système scolaire imposé, en même temps que les religions, par les colonisateurs (en collusion avec les missionnaires) : l'interculturation rencontre ici, de manière plus aiguë, le conflit entre culture dominante et culture dominée. D'où l'on voit que les disparités homme-femme à l'école et au fur et à mesure qu'on passe à l'école supérieure, rejoignent les inégalités de statuts et de représentations entre hommes et femmes, adultes et enfants, villes et campagnes dans la société, auxquelles vient s'adjoindre l'apartheid, dans l'ancienne Afrique du Sud, ou la discrimination raciale dans l'ancienne Rhodésie du Sud. L'extériorité et l'étrangeté plus ou moins grande des contenus scolaires, la professionnalisation progressive des éducateurs (devenus enseignants) seraient ainsi d'autres signes de ce que Cheick Hamidou Khane nommait « l'école nouvelle » dans *L'aventure ambiguë*. Il y était question de cet appel tragique à faire de l'école du vainqueur (le colon), l'outil indispensable de la renaissance du vaincu (le colonisé) : aux dépens éventuels de la mémoire collective.

S'inspirant de Bourdieu entres autres, l'auteure interpelle la « socialisation primaire » et la « socialisation secondaire », les « habitus primaires » et les « habitus secondaires » : pour aboutir aux « apprentissages primaires » et aux « apprentissages secondaires » : en lien avec « l'éducation de base ». Comme dit l'auteure, comme « processus institutionnalisé de transmission des connaissances au sein de l'école », « l'éducation scolaire est en fait un processus de socialisation ». Situant son propre travail dans l'objectif de « l'éducation pour tous » (Conférence mondiale de Jomtien, Thaïlande, 5-9 mars 1990), repris par « la Réaffirmation d'Amman » (Jordanie, 16-19 juin 1996), à la suite de la « Conférence mondiale sur les femmes » (Beijing, Chine, 4-15 septembre 1995). Dans toutes ces instances mondiales sont confirmées une double exigence pour le développement et la démocratie : l'émancipation par l'éducation d'une part ; l'éducation des femmes en particulier d'autre part. De ces points de convergences vient tout l'intérêt scientifique et politique du travail de Shongedza, puisqu'elle ne manque pas d'y donner une place à l'éducation et à la décolonisation, à l'éducation et au développement durable, aux actions des ONG, voire aux actions environnementales, et donc par conséquent aux politiques éducatives dans les différents pays d'Afrique australe. Remontant, dans la dimension évolutive, aux colonisations et aux années 1910-1949 en particulier, avant d'en arriver aux années 1990 -2000, on la suit avec passion lorsqu'elle relève « les liaisons étroites entre l'éducation des femmes et les indicateurs économiques, sociaux et environnementaux ». Ces politiques ont beau inscrire « équité » et « égalité » dans les textes, la réalité reste très en-deçà des objectifs affichés, mais les volontés d'engager des réformes dans tel ou tel pays, sont parmi les conditions pour bénéficier « d'une aide internationale accrue ».

Ignatiana Shongedza, nous conduit ainsi, des sciences de l'éducation, aux sciences politiques, en passant par la géographie, la sociologie, l'anthropologie, la littérature orale, l'histoire, la géopolitique. Une manière parmi d'autres d'illustrer, en matière d'éducation, le « modèle écosocial » qu'elle emprunte à Georgas J. (1993). Annonçant par là le deuxième axe de son travail qui porte sur « la relation entre l'éducation de la femme et les autres variables socio-démographiques des pays étudiés ». C'est dire combien je me suis, non seulement instruit en la lisant, mais ai approfondi mon éducation politique : comment ne pas le souhaiter aux milliers de lecteurs qui me suivront dans mon enthousiasme? S'agissant des pays francophones, hormis les chiffres et certaines spécificités des colonisations britanniques (moins assimilationnistes, plus respectueuses des cultures traditionnelles), n'auront pas de peine à opérer les transpositions nécessaires : la situation de l'éducation des femmes dépasse, de ce point de vue, les clivages géopolitiques.

Jean-Baptiste FOTSO-DJEMO
Psychologue-psychothérapeute
Maître de conférence à l'Université Paris 10-Nanterre

Abréviations

ACBI	African Capacity Building Initiative
ACCT	Agence de coopération culturelle et technique
AFDB	African Development Bank
AID	Agency for International Development (États-Unis)
APSP	African Primary Science Programme
BIFS	Bilateral Information Feedback System (CIDA)
BREDA	Regional Bureau for Education in Africa (Unesco)
BREDA	Unesco Regional Office for Education in Africa
BRIDGES	Basic Research and Implementation in Developing Education Systems (USAID)
CA	Central Africa
CAETA	Commonwealth Association for the Education and Training of Adults
CESO	Centre for the Study of Education in Developing Countries
CIDA	Canadian International Development Agency
CIRE	Centre for Information and Research on Vocational Training (ILO)
RCAEL	Regional Council for Adult Education and Literacy
COFEMEN	Conference of Ministers of Education of French-Speaking Countries
CSTD	Conference on Science and Technology for Development
DANIDA	Danish International Development Agency
DRC	International Development Research Centre
EAURP	Eastern African Universities Research Project
EPI	Expanded Program for Immunisation
EPTA	Education and Production in Theory and Action
ERNESA	Education Research Network for Eastern and Southern Africa
EWLP	Experimental World Literacy Program
EWP	Education with Production
FAO	Food and Agricultural Organisation
GTZ	German Agency for Technical Cooperation
HEDCO	Higher Education for Development Cooperation (Irlande)

IAF	Interamerican Foundation (États-Unis)
IBE	International Bureau of Education
IBRD	International Bank for Reconstruction and Development
ICA	International Cooperation Administration (États-Unis)
ICAE	International Council for Adult Education
ICED	International Council for Educational Development (États-Unis)
ICSU	International Council of Scientific Unions
IDA	International Development Agency
IDA	International Development Association
IDRC	International Development Research Centre (Canada)
IDS	Institute of Development Studies (Sussex)
IEA	International Association for the Evaluation of Educational Achievement
IERS	International Educational Reporting Service (Unesco)
IIALM	International Institute for Adult Literacy Methods
IIEP	International Institute for Educational Planning
ILO	International Labour Organisation
ILY	International Literacy Year
IMF	International Monetary Fund
INISTE	International Network for Information in Science and Technology Education (Unesco)
INSET	In-Service Teacher Education
IWGE	International Working Group on Education
JASPA	Jobs and Skills Program for Africa (ILO)
MES	Improving the Efficiency of Educational Systems (USAID)
MES	Modules of Employable Skill (ILO)
MOEC	Ministry of Education and Culture (Tanzania)
N U	L'Onusida[1], l'Unicef, le Pnud[2], le Fnuap[3], l'Unesco
NEIDA	Network of Educational Innovation for Development in Africa
NFE	Nonformal Education
NFET	Nonformal Education and Training
NGO	Non-Governmental Organisation

[1] Organisation des Nations unies contre le Sida.
[2] Programme des Nations unies pour le développement.
[3] Fonds des Nations unies pour la population.

NORAD	Norwegian Agency for International Development
NRRAG	Northern Research Review and Advisory Group
NURFFIC	Netherlands Universities Foundation for International Development
ODA	Overseas Development Administration (G.-B.) ou Overseas Development Agency
OECD	Organisation for Economic Cooperation and Development
PISCES	Program of Investment in Small Capital Enterprise Sector (USAID)
RF	Rockefeller Foundation
ROCARE	West and Central African Educational Research Network
RRAG	Research Review and Advisory Group
SAC	Structural Adjustment Credit
SEPA	Science Education Program for Africa
SERI	Southern Educational Research Initiative
SHAPE	Self-Help Action Plan for Education (Zambia)
SIDA	Swedish International Development Agency
SIDA	Swedish International Development Authority
TEED	Technology Education and Employment for Development (IDRC)
TESTS	Training for Teachers of Technical Subjects in Secondary Schools in Developing Countries (ODA)
TETOC	Technical Education and Training Operations and Consultancies
TRGA	Training for Rural Gainful Activities (ILO)
UDSM	University of Dar es-Salaam
UNDP	United Nations Development Program
UNESCO	United Nations Organisation for Education, Science and Culture
UNICEF	United Nations Children's Fund
UNIDO	United Nations Industrial Development Organisation
UPE	Universal Primary Education
UPEL	Universal Primary Education and Literacy
USAID	United States Agency for International Development
WA	West Africa
WCEA	World Conference on Education for All
WEP	World Employment Program (ILO)
ZIMSCI	Zimbabwe Science Education Program

Associations de recherches éducatives en Afrique australe

BERA	Botswana Educational Research Association
LERA	Lesotho Educational Research Association
SERA	Swaziland Educational Research Association
NERA	Namibian Educational Research Association
ZAMERA	Zambian Educational Research Association
ZERA	Zimbabwe Educational Research Association

Introduction

I. Présentation de la recherche et caractéristiques des pays choisis

Les traités d'éducation féminine font très souvent référence aux traditions ancestrales d'assujettissement des femmes faisant obstacle aux perspectives de leur accès au savoir.

Nos recherches sur l'évolution de l'éducation des femmes en Afrique australe s'inscrivent dans ce cadre. Très peu d'études ont été effectuées en France sur ce sujet concernant cette région anglophone. Nous les avons menées à partir d'une expérience sur le terrain que nous avons vécue en tant qu'observateur participant.

Il nous a semblé important de ne pas seulement décrire les faits ou les énumérer, ni même de chercher à savoir comment la situation en est venue à être ce qu'elle est. Nous avons voulu plutôt déceler les grandes tendances, les analyser, les comparer pour tenter de mettre en évidence les modèles alternatifs qui se dessinent pour l'avenir.

Il s'agit, en effet, d'éviter la simplicité trompeuse des explications mono-causales inhérentes à une bonne partie des études sur l'évolution de l'éducation, en essayant de dégager la relation qui existe entre, d'une part, histoire régionale et processus d'éducation, d'autre part, éducation traditionnelle et éducation moderne.

Les progrès de l'instruction féminine en Afrique australe peuvent être appréhendés à divers niveaux. Notons que nous n'étudierons pas ici les exceptions que constituent certaines femmes célèbres par leur savoir, ou encore celles dont la réussite en politique ou en sciences est également tout à fait exceptionnelle. Bien que signifiants, ces éléments conviennent d'être dépassés si nous voulons analyser les problèmes d'un point de vue socioculturel et si nous voulons également évoquer des solutions possibles pour améliorer les conditions de l'évolution et le renforcement des politiques éducatives, surtout celles en faveur des femmes.

En Afrique, si l'éducation traditionnelle se transmet moins qu'avant la colonisation, l'impact de l'éducation moderne est plus faible que ce à quoi l'on s'attendait. Par ailleurs, des disparités existent entre la ville et la campagne. L'aptitude de l'école moderne à attirer et retenir les enfants, surtout les filles, dans les zones rurales, est insuffisante, comme en attestent les taux de fréquentation et de rétention scolaires très faibles relevés dans ces zones. D'autres paramètres jouent alors quant à la démocratisation de l'éducation dans les pays étudiés. Dans la plupart des pays d'Afrique, la scolarisation des garçons ou l'alphabétisation du sexe masculin semblent poser moins de problèmes aux autorités que celles des filles, voire des femmes en général.

1. Localisation de la zone d'étude

L'Afrique australe est une région immense qui s'étend sur 3 867 569 km^2 avec un climat tropical sec. Nous ne pourrons donc pas étudier l'ensemble des pays qui composent cette zone et considérerons, à l'instar de C. Coquery-Vidrovitch[4] et P. Gervais-Lambony,[5] que cette région est constituée des pays suivants : l'Afrique du Sud, le Botswana, le Lesotho, le Malawi, le Mozambique, le Swaziland, la Zambie, le Zimbabwe[6]. À l'exception du Mozambique, ces huit pays sont majoritairement anglophones. Ils ont une histoire commune, mais présentent des différences qui proviennent essentiellement des colonisateurs : Britanniques, Allemands, Portugais ont laissé leurs empreintes dans ces pays ; celle des Britanniques a été la plus forte.

2. Caractéristiques des pays choisis

Nous avons choisi les pays à étudier en fonction de critères fonctionnels et stratégiques. Il s'agissait tout d'abord d'étudier le développement de l'éducation des femmes dans une région géographiquement repérée et délimitée : l'Afrique australe, anglophone, et le Mozambique, lusophone. Cette région a une cohérence d'un point de vue économique, démographique, mais aussi culturel. Seul le

[4] Coquery-Vidrovitch Catherine, université Paris VII, *Les Africaines. Histoire des femmes d'Afrique noire du XIXe au XXe siècle*, Paris, Desjonquères, 1994.

[5] Gervais-Lambony, université Paris X, *L'Afrique du Sud et les États voisins*, Paris, Armand Colin-Masson, 1977, p. 7.

[6] Contrairement aux Nations unies, qui classent le Malawi et le Zimbabwe dans l'Afrique de l'Ouest.

Mozambique se distingue : son niveau économique est plus faible que celui des pays de la région car il ne dispose pas de richesses minières, et sa culture moderne est principalement lusophone. En revanche, il partage la culture traditionnelle et les langues autochtones des pays voisins. Nous avons choisi le Mozambique parmi les autres pays lusophones en raison de son intérêt purement comparatif. De surcroît, sa partie sud a connu de fortes migrations vers l'Afrique du Sud, et le centre, vers le Zimbabwe.

Des critères qualitatifs justifient notre choix de l'Afrique du Sud et du Zimbabwe : d'une part, leurs ressemblances institutionnelles et historiques, d'autre part, l'existence de l'Apartheid en Afrique du Sud et de la ségrégation raciale au Zimbabwe, qui ont eu des incidences sur l'éducation d'une grande partie de la population de ces deux pays. Ces incidences ont engendré des inégalités de scolarisation pour les femmes.

ILLUSTRATION N° 1 – CARTE DE L'AFRIQUE AUSTRALE

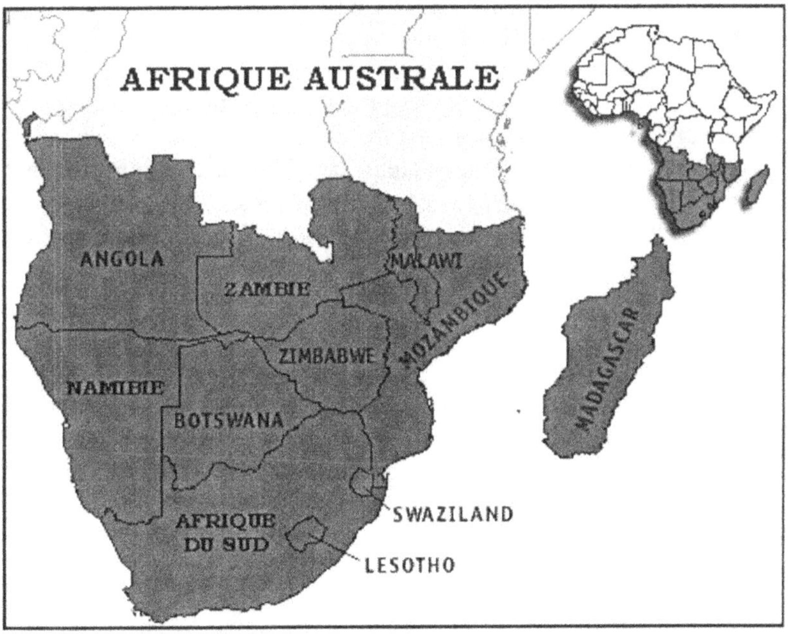

Source : Matériaux relatifs à l'USAID.

II. Approche méthodologique et objectifs de la recherche

1. Cadre de l'étude

En étudiant l'histoire de l'éducation, et plus particulièrement celle de la seconde moitié du XXe siècle, nous constatons qu'un changement rapide dans le domaine de l'éducation féminine s'est produit, notamment en Afrique australe. En effet, durant cette période, on a assisté au passage d'une éducation essentiellement traditionnelle à une éducation considérée comme « classique » ou « moderne » par le biais de la scolarisation. Il s'est ainsi produit une véritable mutation des pratiques éducatives destinées aux femmes, auparavant soumises aux traditions familiales. Ce changement dans l'éducation féminine en Afrique australe mérite une étude historique spécifique.

À la suite de la célébration de l'Année internationale de l'alphabétisation en 1990, quatre grandes institutions spécialisées de l'Organisation des Nations unies (Unesco, Unicef, Pnud et Banque mondiale) ont organisé à Jomptien, en Thaïlande, la même année, la Conférence mondiale sur l'Éducation pour tous[7]. La législation n'est pas neutre et il faut ici rappeler la Déclaration des Nations unies relative à l'élimination de la discrimination à l'égard de la femme[8]. On connaît la conception stéréotypée selon laquelle la place de la femme est à la cuisine. Si une femme se préoccupe de problèmes qui sont autres que ceux de l'éducation de ses enfants et des soins à donner à son ménage, il est fréquent qu'elle soit mal vue.

La Réaffirmation d'Amman[9] stipule :

> « L'émancipation de la personne passe par l'éducation. Elle est la clé qui permet d'établir et de renforcer la démocratie ; elle ouvre la voie d'un développement durable à visage humain et d'une paix fondée sur la tolérance et la justice sociale. Dans un monde où la créativité et les connaissances jouent un rôle toujours plus important, le droit à l'éducation est tout simplement le droit pour chacune et chacun de participer pleinement à la vie du monde moderne ».

---

[7] Conférence mondiale sur l'Éducation pour tous (Jomtien, Thaïlande, 5-9 mars 1990) et Forum mondial sur l'éducation (Dakar, Sénégal, 26-28 avril 2000).

[8] Conférence mondiale sur les femmes, tenue à Pékin (Chine) du 4 au 15 septembre 1995.

[9] Éducation pour tous : atteindre l'objectif. La Réaffirmation d'Amman, Amman, Jordanie, 16-19 juin 1996.

Dans les pays en voie de développement, plus encore que partout ailleurs, ce regain d'intérêt accordé à l'éducation de base va de pair avec le souci d'élaborer de nouvelles stratégies capables d'améliorer :
— l'état de l'enseignement primaire et secondaire ;
— l'alphabétisation des adultes ;
— l'égalité des sexes en matière d'éducation.

L'approche que nous adopterons ici sera *pluridisciplinaire*. Comprendre ce qui se joue dans les processus d'éducation ne peut se faire que si nous nous en référons à l'histoire, la sociologie, la démographie, l'économie, la géographie et le contexte politique.

2. PROBLÉMATIQUE

Le choix de notre sujet est fondé sur l'hypothèse de base selon laquelle la compréhension des problèmes tangibles du fonctionnement des institutions éducatives pour les femmes suppose que ceux-ci soient analysés dans le contexte socioculturel où ils se présentent. C'est pourquoi une approche d'analyse socioculturelle est proposée ; elle va commencer par une étude détaillée de l'environnement dans lequel fonctionnent ces institutions, afin que les interactions des différents facteurs et les variations des résultats observés puissent être interprétées en prenant pleinement en compte ce contexte culturel.

Par ailleurs, la partie historique que nous allons exposer va nous conduire à opérer des rapprochements entre les différentes disciplines.

« Selon le contexte, le terme « éducation » peut signifier « l'acte d'élever un enfant[10]. »

L'éducation, nous dit Durkheim, est :

> « [...] l'action exercée par les générations adultes sur celles qui ne sont pas mûres pour la vie sociale. Elle a pour objet de susciter chez l'enfant un certain nombre d'états physiques, intellectuels et moraux que réclament de lui et la société politique dans son ensemble et le milieu spécial auquel il est particulièrement destiné[11]. »

Durkheim précise que « l'éducation n'est qu'un moyen ». Pour la société, l'éducation est un moyen technique d'assurer sa persistance et

---

[10] Robert Estienne, 1549, lié à « nourriture» ; cf. *Dictionnaire historique de la langue française*, Paris, Le Robert, 1992, p. 128.

[11] Émile Durkheim, article « Éducation » du *Dictionnaire de pédagogie et d'instruction publique* de Ferdinant Buisson, Paris, Hachette, 1911.

sa diversité, et, pour l'individu, elle est un moyen d'assurer son intégration.

La différence de signification entre « éducation » et « enseignement » est assez subtile. L'enseignement est, d'après la définition du Petit Larousse (1980), « l'action, la manière d'enseigner, de transmettre des connaissances ».

Lorsque nous parlons d'éducation en Afrique australe, il existe une distinction entre l'éducation traditionnelle (*précoloniale*), d'une part, et l'éducation formelle (*post-coloniale*), de l'autre, sans négliger la période intermédiaire de la colonisation. C'est dans l'éducation formelle que se trouve l'enseignement. L'éducation est liée aux valeurs d'une société donnée. Les valeurs économiques et sociales d'un homme ainsi que sa philosophie sont déterminées par son éducation.

Le champ de l'enseignement est plus réduit que celui de l'éducation car l'enseignement ne se définit que par rapport aux connaissances tandis que l'éducation contient le savoir, le savoir-faire, le savoir-vivre. La transmission, par les anciens, de leur « sagesse » aux plus jeunes est aussi englobée dans l'éducation. Et c'est ce concept général, à travers ses applications, que nous voulons analyser dans les pays de l'Afrique australe. L'apprentissage des valeurs et des traditions joue un rôle prépondérant dans la socialisation des femmes, quels que soient les cercles du village, de la famille, du clan ou les pays auxquels elles appartiennent.

Ainsi, nous avons choisi de définir les différentes formes d'éducation selon les catégories que proposent les Nations unies, l'Unesco en particulier, dans leurs publications en anglais et en français[12] :

- *L'éducation non scolaire* est une éducation non institutionnelle, encore appelée « *éducation informelle*[13] ». Elle correspond aux connaissances qu'un individu accumule tout au long de sa vie. Cette éducation non scolaire est le processus par lequel tout individu acquiert des connaissances en adoptant les attitudes et les valeurs de sa famille, de ses voisins, de son environnement, au sein de son travail et par l'intermédiaire des médias.
- *L'éducation scolaire*, et par conséquent institutionnelle, correspond à l'« *éducation formelle*[14] » telle qu'elle est transmise par l'école élémentaire, les établissements secondaires et l'université. Dans ces lieux, on enseigne la culture générale et différentes matières.

---

[12] Unesco 2002, *Education for all Gender, Equity in Basic Education.*

[13] *Informal Education* (IE).

[14] *Formal Education* (FE).

• *L'éducation périscolaire* ou « *éducation non formelle*[15] » englobe toutes les activités éducatives organisées qui ne font pas partie du système scolaire, mais dont les objectifs ont été définis – il s'agit par exemple de cours d'alphabétisation destinés aux adultes[16]. Certaines sont proches de l'enseignement de type scolaire (formel) mais nous les classons comme appartenant aux services sociaux, à la santé, au développement communautaire, entre autres.

• *L'éducation de base* est constituée, tout d'abord, par l'apprentissage d'éléments « obligatoires » tels que *la lecture*, *l'écriture*, *l'arithmétique* et *la résolution de problèmes*. Il s'agit en effet des outils d'apprentissage essentiels permettant d'acquérir et d'appliquer ensuite d'autres connaissances et compétences. Ces apprentissages jouent ainsi un rôle important dans la formation des attitudes et des valeurs nécessaires à adopter et appliquer dans la vie quotidienne pour *bien se nourrir*, *se maintenir en bonne santé* et *protéger l'environnement*.

Nous pensons, quant à nous, que l'éducation ne se limite pas uniquement à l'enseignement scolaire et au nombre d'années de scolarité. Nous rejoignons le Conseil international pour le développement de l'éducation qui souligne que l'éducation se définit d'une manière générale par l'acquisition des connaissances et non par la façon dont sont acquise ces connaissances.

Nous savons, par ailleurs, que *l'éducation* est un processus continu qui commence dès la naissance, qui se poursuit pendant l'âge adulte et qui englobe une diversité de méthodes. Pour les obligations de notre étude, nous allons définir l'éducation scolaire (formelle) comme le processus *institutionnalisé* de la transmission des connaissances, au sein de l'école, mais elle est, en fait, un *processus de socialisation qu'il soit ou non institutionnalisé.*

Le champ de notre investigation est très large puisqu'il concerne les huit pays d'Afrique australe. Aussi, pour mieux cerner la question, nous concentrerons notre investigation plus spécifiquement sur l'enseignement au Zimbabwe et en Afrique du Sud. La comparaison

---

[15] *Nonformal Education* (NFE).

[16] « The term nonformal education does, indeed, allow all other development workers from agriculture, health, family planning and so on to understand and to identify with the need for "education of adults" The term "adult education" may have given development workers the impression that adult education was the responsibility of educationists and that development extension workers had nothing to do with it. » Bhola H. S., « Nonformal education in perspective », *Prospects* (Paris, Unesco), vol. XIII, n° 1, 1983, p. 45-53.

portera sur plusieurs aspects : les systèmes scolaires, les politiques éducatives, la démographie scolaire, l'économie scolaire et leurs place dans la politique et les choix des décideurs.

3. OBJECTIFS

Les objectifs principaux de l'étude sont :

— donner une vision d'ensemble de l'évolution de l'éducation des femmes d'une zone anglophone[17] qui est peu connue en France ;
— établir quelles sont les valeurs sociales et culturelles liées à l'éducation des femmes d'Afrique australe à travers l'Histoire (avant, pendant et après la colonisation) ;
— présenter les différentes politiques éducatives, les systèmes éducatifs de chaque pays (scolarisation, formation, alphabétisation, et hygiène) ;
— mesurer le niveau de l'enracinement culturel chez les femmes, et les changements de leur mentalité du fait de leur confrontation avec l'éducation moderne ;
— et identifier les programmes novateurs et leur impact sur l'éducation des femmes.

4. HYPOTHÈSES

Les institutions socioculturelles, constituées par le clan, la famille, et les institutions politiques (royauté) ont une incidence significative sur l'évolution de l'éducation de la femme.

L'impact de la colonisation sur l'éducation traditionnelle a été très important ; le système d'éducation précolonial s'est modifié au contact de celui hérité des colonisateurs.

Le rôle qu'ont joué les différentes autorités coloniales – britanniques, allemandes et portugaises – dans la diversité culturelle de chaque région et dans les pays en général peut être qualifié d'acculturation[18], enculturation[19] et interculturation[20]. Cette dernière donnant naissance à

---

[17] Afrique australe.

[18] Redfield, Linton et Herskovits (1936) définissent l'acculturation comme « un processus par lequel un groupe humain assimile tout ou partie des valeurs culturelles d'un autre groupe ».

[19] L'enculturation est une limitation progressive, au cours de l'ontogenèse, de l'ensemble des comportements biologiquement possibles au sous-ensemble de ceux qui sont socialement acceptables ou culturellement nécessaires.

une éducation spécifique en Afrique australe et particulièrement à celle des femmes. terrain.

5. MÉTHODOLOGIE

Notre approche sera double : la première partie, historique, sera constituée de récits.

La seconde partie sera analytique, étayée par des analyses démographiques et économiques. Pour ce qui est du présent et du nombre de femmes qui seront scolarisées d'ici 2010, et combien, parmi elles, seront diplômées dans l'avenir proche, les méthodes de projection et de prévision seront utilisées. Nous nous appuierons également sur les données des Nations unies, de l'Onusida, de l'Unicef, du Pnud, du Fnuap, de l'Unesco, de l'OMS, de la Banque mondiale et des DHS (Demographic and Health Survey) et NDS (National Demographic Survey) des pays concernés.

Dans un souci de parvenir à un état des lieux sur l'évolution de l'éducation des femmes en Afrique australe, nous ferons référence aux domaines suivants :

- l'alphabétisation ;
- l'enseignement primaire, secondaire, supérieur et technique ;
- l'éducation préventive, y compris l'éducation des adultes ;
- les politiques de l'éducation ;
- l'éducation traditionnelle (dans sa dimension socioculturelle) ;
- les bilans et perspectives.

Pour chacun des huit pays énoncés antérieurement, nous allons analyser les principales variables d'ordre démographique, économique, socioculturel et éducatif qui ont contribué à cette évolution. Nous étudierons les communautés, les structures sociales, les caractéristiques religieuses et linguistiques, les types d'habitat, les principales activités économiques, les possibilités d'emploi, la situation en matière de santé publique et de nutrition, le développement du système éducatif selon le *modèle écosocial* défini par J. Georgas (1993)[21].

---

[20] Pour Clanet (1990), l'interculturation recouvre « l'ensemble des processus psychiques, relationnels et institutionnels par lesquels les sujets et les groupes interagissent lorsqu'ils appartiennent à deux ou plusieurs ensembles se réclamant de cultures différentes ou pouvant se référer à des cultures distinctes ».

[21] J. Georgas (1993), « Ecological-Social Model of Greek Psychology », *in* U. Kim (ed.), *Indigenous Psychology, Research and Experience in Cultural Context*, Newbury Park, éd. Sage.

ILLUSTRATION N° 2 – LE MODÈLE ÉCOSOCIAL

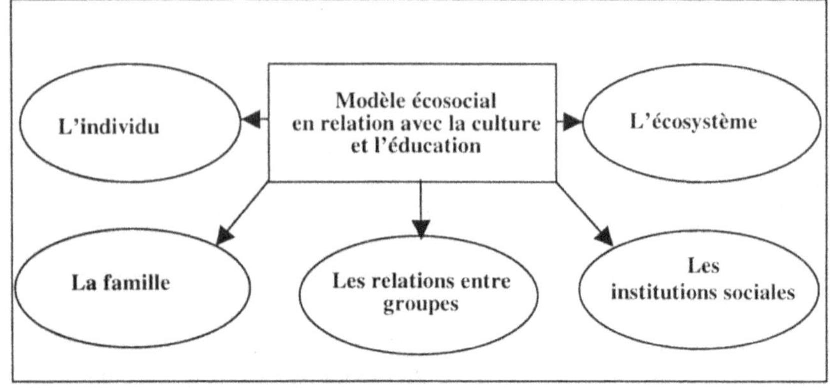

Source : Auteur, adaptation du dessin de J. Georgas (1993).

Le modèle écosocial

Selon le modèle écosocial proposé par J. Georgas en 1993, il existe cinq niveaux d'analyse d'un système social :

a) *L'écosystème* – Il nous montre les caractéristiques physiques de l'environnement et la géographie ; dans notre étude, il s'agit de la géographie de la colonisation.

b) *Les institutions sociales* – Ce sont les systèmes économiques, politiques, éducatifs, religieux, et les moyens de communication disponibles. *Organisation économique* : agriculture vivrière et commerciale, élevage dans les *fermes latifundia*, et tourisme partout dans la région. *Organisation politique* : gouvernements en collaboration avec des chefs traditionnels. *Système éducatif* : modèle européen et traditionnel. *Système religieux* : christianisme et traditionnel (païen). *Système de communication* : la radio, la télévision, le téléphone et les tambours, transports modernes (autocars et trains). L'analyse de ces institutions à l'égard de l'éducation des femmes constituera le cœur de notre étude.

c) *Les relations entre groupes* – Elles nous permettent d'évaluer le degré et la qualité des contacts individuels avec différents groupes sociaux (amis, habitants du village, administrateurs, hôpitaux...), surtout lorsqu'elles sont en lien avec l'éducation de la femme. Globalement, les relations entre groupes montrent une cohérence face à l'étranger, mais des clans antagonistes à l'intérieur et des relations individualistes dans les grandes agglomérations comme Harare,

Johannesburg… où l'on trouve davantage de familles nucléaires, contrairement aux communautés villageoises, où la structure est encore celle de la famille étendue.

d) *La famille* – Les différents styles de structuration possibles en Afrique australe (famille nucléaire, élargie, monoparentale, polygame, etc.) ont un effet important sur la différenciation des sujets. Sa dimension patrilinéaire ou matrilinéaire joue, à cet égard, un rôle primordial dans certaines prises de décision (contraception ou éducation des filles par exemple).

e) *L'individu* – Il est le siège d'une cognition, d'une personnalité, d'émotions, d'apprentissages de valeurs ou encore d'apprentissages scolaires (mode de raisonnement par rapport à l'habitus primaire et de motivation).

Nous allons utiliser ces cinq points du modèle écosocial tout au long de notre étude pour mieux synthétiser et analyser notre sujet. Nous avons choisi ce modèle parce qu'il est global et que le statut de la *culture* y est central. De plus, il fait référence à l'Histoire, qui nous permet d'évaluer les invariants culturels et les effets de l'acculturation sur l'évolution de l'éducation de la femme dans les pays étudiés.

Première partie

ÉLÉMENTS HISTORIQUES ET SOCIOLOGIQUES RELATIFS À L'ÉVOLUTION DE L'ÉDUCATION DE LA FEMME EN AFRIQUE AUSTRALE

CHAPITRE I

Présentation de la population

I. ÉLÉMENTS HISTORIQUES DE LA POPULATION ÉTUDIÉE

1. LES KHOISAN

Si, comme les recherches en paléontologie semblent le confirmer, le continent africain est bien le berceau de l'humanité, le peuplement précoce de sa partie méridionale remonterait au moins à cent mille ans selon certains, par les ancêtres des *San*. Vivant de cueillette et de chasse, ils auraient été rejoints par d'autres Africains, les *Khoi*, des pasteurs nomades, environ deux mille ans avant notre ère.

Bien qu'à l'heure actuelle ces deux peuples soient regroupés sous l'étiquette commune de *Khoisan*, laissant entendre qu'il existerait une parenté linguistique (langue à clics) et des traits génétiques communs, de récentes recherches archéologiques dans la région du Cap tendent à réfuter cette affirmation : nous aurions affaire à deux peuples distincts dès les origines : colliers taillés dans les œufs d'autruche plus petits chez les San que chez les Khoi et consommation sur la plage des phoques dès leur capture chez les premiers, alors qu'ils sont hissés jusque dans les cavernes comme réserve de graisse par les seconds.

De même, selon le préhistorien Ben Smith du Rock Art Research Institute, le réalisme des dessins san ne peut être confondu avec les formes géométriques de ceux des Khoi. Chacun de ces deux peuples respectant les sanctuaires de l'autre, il est rare que leurs dessins se mêlent[22], ce qui facilite la reconstitution de leurs migrations respectives. L'hypothèse d'une pénétration des Khoi par le nord du Botswana ou le sud de l'Angola puis d'une occupation des pâturages de la Namibie moderne, dans la région orientale du Cap, est corroborée par des morceaux de céramique décorés de ces mêmes motifs géométriques.

Ces origines ethniques différentes expliqueraient la persistance de deux modes de vie distincts – chasseurs-cueilleurs pour les San et pasteurs nomades pour les Khoikhoi actuels. Ces deux modes de vie

---

[22] Sur 316 sites recensés, seuls 79 mêlent peintures rupestres san et khoi.

donnent lieu à des éducations divergentes que nous reverrons plus loin dans le détail.

L'hypothèse d'une telle coexistence est fort plausible. Le type de synergie sur lequel elle repose est largement répandu de par le monde : les pasteurs troquent des produits manufacturés (dont des armes) contre certains aliments, de l'eau et du fourrage que les chasseurs-cueilleurs savent se procurer.

2. Les Bantous

À peu près à la même époque que les Khoi, des agro-pasteurs africains, les Bantous, pénètrent eux aussi en Afrique australe. Mais par la côte est, cette fois, pour s'étendre sur l'ensemble de son plateau intérieur, propice à un pastoralisme extensif. Des chefferies s'érigent afin de contrôler le bétail. Dans le même temps, la maîtrise de la mine et l'art de fondre et travailler les métaux (fer, cuivre, étain et or) donnent naissance à des échanges commerciaux régionaux. La frange la plus occidentale de l'Afrique australe ne sera pas concernée par ces mouvements car ses étendues désertiques et ses pluies hivernales ne conviennent guère aux agro-pasteurs bantous, qui l'abandonnent aux Khoisan.

3. Boers ou Afrikaners

L'arrivée des colonisateurs au Cap au XVIIe siècle ne devait être que provisoire, le territoire étant déjà occupé par des autochtones[23]. Mais le Cap étant à mi-chemin des Indes, ils y installèrent une petite colonie, ce qui leur permit de s'approvisionner en produits frais, notamment légumes et fruits (pour ne pas souffrir du scorbut). Ainsi, les premiers « colonisateurs » de l'Afrique du Sud furent les « Dutch East India Company » (DEIC), qui sont arrivés en 1652. Plus tard sont arrivés de nouveaux immigrants, venus également des Pays-Bas, ainsi que des Huguenots français. Les marchands hollandais du Cap les ont appelés « Boers » (ce qui signifie « paysans » en néerlandais). Enfin, Allemands et Anglais ont suivi. Ils se sont installés comme fermiers et commerçants.

---

[23] Christie Pam, *The Right to learn, The struggle for education in South Africa*, éd. A. Sached Trust-Raven Press Publication, Capetown, 309 pages.

Ces éleveurs de bétail pratiquaient un calvinisme rigoureux (« la Bible, le fusil et la charrue » était leur devise). Les Afrikaners[24] refusèrent de se plier aux lois britanniques résultant de l'annexion de la région du Cap (1814), prohibant l'esclavage et instaurant un contrôle de la propriété[25]. Profondément individualistes (leur principe était de construire leur ferme hors de la vue de la fumée des cheminées des fermes voisines), ils partirent chercher de nouvelles terres dans l'intérieur et se heurtèrent aux Zulus (bataille de Blood River, 1840). C'est au cours de ce grand trek[26], qui s'est étendu sur plusieurs générations, que la langue d'origine de ces fermiers hollandais intégra un grand nombre de mots et d'expressions africains et portugais. Aux yeux des Britanniques et des marchands hollandais du Cap, les Trek Boers s'étaient africanisés. De cette épopée et de la symbiose avec le milieu africain résultèrent un métissage physique, qui suscita une forte réaction aboutissant à l'Apartheid[27], ainsi qu'un métissage linguistique, donnant une langue spécifique issue du néerlandais, l'afrikaans[28].

L'ascension des colons britanniques vers le nord a commencé vers la fin du XVIIe et le début du XVIIIe siècle, dans le but de coloniser toute l'Afrique de bas en haut. Ils ont attribué des noms nouveaux aux pays, mais lorsque ceux-ci ont accédé à leur indépendance, ces noms ont changé. Reprendront-ils, un jour, leur nom d'origine ?

---

[24] Afrikaners est le nom donné aux Boers d'Afrique du Sud par les Britanniques depuis la fin du XIXe siècle.

[25] La notion de propriété est un concept inconnu des Africains du sud du Zambezi de l'époque.

[26] Entre 1834 et 1845, ce sont quelque 14 000 Afrikaners – hommes, femmes et enfants – qui émigrent vers le nord avec leurs troupeaux et leurs chariots à bœufs, en direction des plateaux de l'Orange, des rives du Limpopo et du Natal.

[27] Établissement des lois de ségrégation, la discrimination raciale ayant été institutionnalisée en 1948.

[28] Les Boers parlant cette langue sont aussi appelés Afrikaners.

TABLEAU N° 1 – DENOMINATION & DATE D'INDEPENDENCE DES PAYS DE L'AFRIQUE AUSTRALE

NOM ACTUEL	NOM AVANT L'INDÉPENDANCE	DATE D'INDÉPENDANCE
République sud-africaine	Afrique du Sud	1994[29]
Botswana	Bechuanaland	1966
Lesotho	Basutoland	1966
Malawi	Nyasaland	1964
Mozambique	Portuguese East Africa	1975
Swaziland	Swaziland	1968
Zambie	Rhodésie du Nord	1964
Zimbabwe	Rhodésie du Sud	1980

Source : auteur.

II. LE PEUPLEMENT DE L'AFRIQUE AUSTRALE À L'HEURE ACTUELLE

Les huit pays d'Afrique australe étudiés sont l'Afrique du Sud, le Botswana, le Mozambique, le Malawi, le Lesotho-Swaziland, la Zambie et le Zimbabwe. Population de la région : environ 99,6 millions. Superficie de l'Afrique australe : 3 867 570 km^2.

[29] Élection de Nelson Mandela au pouvoir.

TABLEAU N° 2 – POPULATION ET TAUX DE CROISSANCE

PAYS	POPULATION EN MILLIONS	TAUX DE CROISSANCE ANNUEL (%) 1990-1996
Afrique du Sud	43,6	2,3
Botswana	1,6	2,6
Mozambique	19,4	3,9
Malawi	10,5	0,9
Lesotho	2,2	2,6
Swaziland	1,1	N/A*
Zambie	9,8	2,3
Zimbabwe	11,4	2,5
Total	*99,6*	

Source : SPESSA (Profil statistique de l'éducation en Afrique subsaharienne) *N/A : Chiffre non disponible.

TABLEAU N° 3 – RÉPARTITION DES RICHESSES MINIÈRES SELON LES PAYS

ZAMBIE	ZIMBABWE	BOTSWANA	AFRIQUE DU SUD
Cuivre, or, cuivre nommé « or rouge », zinc, plomb, manganèse, charbon ou le fer	Or, diamant, cuivre, tungstène, nickel, fer, chrome, charbon, argent	Diamant, cupronickel, cuivre, carbonate de soude	Or, diamant, charbon, fer, chrome, cuivre, zinc, chrome, platine, manganèse, vanadium, amiante, antimoine, verniculite, phosphate, argent, zirconium, titanium

Source auteur

Les richesses minières sont irrégulièrement réparties : la concentration de ces mines se retrouve dans quatre pays principalement (cf. tableau 3). Nous ne pouvons pas parler d'une distribution des richesses en fonction des ethnies. Non seulement parce que nous manquons de données, mais aussi parce que, pour les indigènes, le diamant n'avait pas vraiment de valeur. Ils évaluaient leur richesse en fonction du bétail et des terres cultivables dont ils disposaient. Les Bochimans quant à eux, n'accordaient de valeur qu'à leurs terrains de chasse, ces derniers étant indissociables de leur mode de vie. Leurs besoins se résumaient à se nourrir et à vivre à l'abri.

En Afrique australe contemporaine, nous constatons que c'est sur la richesse minière que sont fondées les économies de la Zambie, du Botswana et, plus encore, celles du Zimbabwe et de l'Afrique du Sud. Les autres pays sont mal dotés en richesses minières : le Mozambique ne dispose d'aucune richesse exploitée, et, au Lesotho, l'extraction de diamant est une activité artisanale. Notons néanmoins que le Swaziland exploite quelques gisements d'amiante et de charbon et, enfin, que le Malawi exploite de la bauxite, du phosphate et de l'uranium. C'est en raison de l'importance du rôle stratégique de ces minerais que la région constitue un enjeu géopolitique dans la mondialisation et le développement durable. Ce sont les mines et l'agriculture qui ont suscité le développement dans ces huit pays.

Dans les quatre premiers pays, l'exploitation des richesses minières constitue une activité économique fondamentale. Aujourd'hui, celle des métaux rares y est de plus en plus importante, c'est également le cas au Zimbabwe. L'économie du Botswana repose essentiellement sur le diamant. Plus étonnante est la façon dont le Zimbabwe et l'Afrique du Sud ont su utiliser leurs ressources pour développer leurs industries et élargir leurs bases économiques. Le charbon a fourni l'énergie, le minerai de fer a permis le développement de la sidérurgie et de la métallurgie, l'or et le diamant, celui du capital et du secteur financier.

CHAPITRE 2

L'éducation traditionnelle

Les spécialistes du développement du nourrisson et les éthologues[30] s'accordent à dire qu'au sein du règne animal les humains seraient les moins programmés génétiquement, ce qui leur conférerait une adaptabilité bien meilleure face à leur environnement, tant naturel que culturel et social. Ainsi, pour l'Afrique australe, un jeune chasseur-cueilleur dans le désert de Kalahari sera éduqué différemment de sa sœur, des fils de pasteurs nomades et de ceux d'agro-pasteurs habitant tous deux la savane, ou des enfants de salariés résidant dans de grandes villes.

C'est pourquoi, après une première partie consacrée à l'histoire de l'Afrique australe, nous nous attacherons, dans ce premier chapitre, à étudier l'éducation traditionnelle, notamment des femmes, dispensée au sein des trois principaux groupes ethniques africains au sud du continent[31] : les San (chasseurs-cueilleurs), les Khoikhoi (pasteurs nomades) et les Bantous (agro-pasteurs). Ce chapitre nous a paru important dans la mesure où, dans le monde entier, la réflexion sur le développement durable met l'accent sur l'importance d'une éducation qui respecte l'environnement socioculturel, même s'il est traditionnel.

---

[30] L'éthologie est la science des comportements des espèces animales dans leur milieu naturel.

[31] Nous n'étudierons pas l'éducation informelle des Européens qui ont colonisé l'Afrique, car ils sont très largement minoritaires en Afrique australe, et leur système éducatif, tant informel que formel, ne diffère que très peu de celui dispensé en Europe.

I. LES SAN (OU BOCHIMANS)[32] – L'ÉDUCATION TRADITIONNELLE INFORMELLE

Il est toujours difficile pour des chasseurs-cueilleurs, au nombre desquels les San, d'être reconnus par l'Histoire, car ils n'ont guère laissé de traces écrites. Cependant, les recherches archéologiques font état d'un peuplement très ancien de l'Afrique australe. Certains parlant de 25 000 à 30 000 ans avant Jésus-Christ, en se fondant notamment sur l'art rupestre, élément important de la culture africaine, qui s'exprime sur les parois des grottes et des falaises depuis le 5e millénaire avant notre ère, tant en Libye que dans le désert saharien, en Algérie qu'en Afrique australe. Les peintures retrouvées dans le désert du Kalahari témoignent d'une présence des San dans la région depuis au moins le Néolithique (11000 ans avant J.-C.). Cet art, qui reflète leur culture, leurs croyances, leurs activités et leur mode de vie, témoigne d'une évolution des San, infirmant l'étiquette qui leur est souvent accolée de « populations qui n'auraient pas dépassé l'âge de pierre ».

Si de nombreuses peintures montrent des scènes de chasse, les artistes dessineront ultérieurement du bétail ; bovin dans un premier temps, puis ovin, surveillé par des chiens domestiqués, témoignant d'une évolution vers le pastoralisme. Ces activités artistiques montrent donc qu'aucun mode de vie n'est imperméable à des processus politiques et sociaux extérieurs, même des cultures qui semblent à priori « statiques » comme celle des chasseurs-cueilleurs san.

Premiers arrivés en Afrique australe, les San ont dû ensuite « cohabiter » avec les Khoi (ou Hottentots) vivant du pastoralisme, puis avec des Bantous agro-pasteurs et enfin avec des colonisateurs européens. Des conflits surgissaient quand un troupeau pénétrait sur des territoires qui recelaient les réserves (rares) en eau et en nourriture des Bochimans, ou quand les San, affamés, venaient dérober du bétail. Souvent, des échauffourées voire des guerres éclataient. Les San étaient souvent vaincus à cause de leur nombre réduit et de leurs armes moins efficaces. Parfois, un compromis convenait que les chasseurs-cueilleurs chasseraient pour leurs vainqueurs ou deviendraient gardiens de troupeau, avec pour contrepartie nourriture et protection.

L'assimilation au groupe dominant était souvent précipitée par des inter-mariages qui permettaient à certains de devenir pasteurs ou agro-

---

[32] « Bushman » au singulier (litt. l'homme des buissons, des taillis, de la savane), « Bushmen » au pluriel donnent « Bochiman(s) » en français et « bosquimano(s) » en portugais.

pasteurs. Lorsque la sécheresse ou la peste bovine décimait les troupeaux, les San redevenaient chasseurs-cueilleurs, pour être engagés derechef comme gardiens de bétail dès que ce dernier prospérait de nouveau. Ce repli vers l'activité de chasseur-cueilleur en période de pénurie, montre que les San avaient acquis une « expertise » qui leur permettait de survivre dans des milieux de vie « extrêmes ». C'est cette expertise que nous allons essayer d'analyser, car elle repose sur une organisation sociale et culturelle qui, avec divers ajustements à l'environnement, se transmet d'une génération à l'autre par l'éducation informelle.

La plupart des auteurs consultés s'accordent à faire pénétrer les premiers San dans le sud du continent africain vers 20000 av. J.-C. (certains allant jusqu'à 25, 30000 comme nous l'avons signalé plus haut). Ils auraient peuplé dans un premier temps l'ensemble de l'Afrique australe, y compris l'Angola pour, en ce début de XXIe siècle, ne subsister plus que dans quatre pays : l'Afrique du Sud, la Namibie, le Botswana et la Zambie. Chassés ou décimés, ils se sont également assimilés aux « envahisseurs » : pasteurs nomades « khoikhoi » environ deux mille ans avant notre ère, puis agro-pasteurs bantous il y a approximativement mille cinq cents ans et, enfin, colonisateurs européens à partir du XVIe siècle.

Les San parlent une langue d'une extrême complexité, qui comprend le plus grand nombre d'éléments phonétiques connus, dont le fameux clic[33], qu'ils partagent avec les Khoikhoi.

Comme beaucoup de chasseurs-cueilleurs, les San n'ont pas un terme identitaire générique qui les désigne de façon collective, mais se désignent par les lieux qu'ils fréquentent ou par leurs noms de familles. Or, la dénomination d'un groupe a toujours été un enjeu politique important, et peut-être plus encore actuellement en Afrique australe, qui émerge d'une colonisation qui a tenté d'étouffer si ce n'est réduire au silence (Apartheid ou ségrégation) les autochtones. L'enjeu est d'importance, puisqu'il permet une éducation formelle ou non formelle spécifique (« écoles communautaires », enseignement dans la langue maternelle, programmes détaillant la contribution des cultures autochtones à la culture nationale, etc.). Bien que le terme « San » soit un terme khoikhoi péjoratif à l'origine et que la dénomination d'origine anglaise de *Bushmen* (habitants de la brousse) soit devenue souvent injurieuse, ces deux termes sont utilisés comme outils politiques, en partant du principe que la prise de conscience identitaire leur donnera

---

[33] Signalés à l'écrit par les symboles //, ! ou /.

une connotation positive (pour paraphraser un slogan célèbre : « *San and Bushmen are beautiful* »).

Bien que les San subsistent encore dans quatre pays d'Afrique australe, ce sont surtout ceux qui habitent le désert du Kalahari qui ont été étudiés. Nous présenterons donc la société et la culture san à partir de ces derniers, puisque les enquêtes ethnologiques soulignent une grande homogénéité entre les différents groupes san.

Le Kalahari s'étend de la rivière Zambezi, au nord, jusqu'aux abords de la rivière Orange, au sud. Vaste plaine couverte de sable d'où émergent quelques affleurements granitiques, la pluviosité annuelle peut aller de 100 à 750 mm de précipitations, voire plus, mais les années de sécheresse sont nombreuses et imprévisibles. Lors de leur arrivée dans la région, il y a onze mille ans, la région était mieux irriguée, surtout au sud, mais, à l'heure actuelle, il ne subsiste guère plus d'eau en surface, sauf dans une ou deux zones marécageuses. Toutefois, bien que chaud et sec, le Kalahari n'est pas un véritable désert, puisque le sable poreux absorbe l'humidité que capte la végétation xérophile, mélange d'herbes variées, de buissons épineux et d'arbres, dans lequel trouvent refuge de nombreux animaux.

La distribution, l'abondance et la maturité saisonnière des plantes comestibles sont les facteurs clés qui déterminent le mouvement et la composition des camps et qui viennent contrebalancer la disponibilité en eau et en gibier. Comme les autres chasseurs-cueilleurs de par le monde, les San vivent en petits groupes indépendants, liés essentiellement par des liens du sang ou de mariage, et, plus rarement, par des relations amicales. Ces groupes varient fortement dans leur taille et leur composition d'une période à une autre et selon les lieux. À la saison des pluies et dans des zones relativement arrosées, un groupe peut comprendre de soixante à cent personnes, tandis qu'en période de sécheresse et dans les lieux arides il ne dépasse pas dix à vingt personnes.

Les interactions entre les différents groupes sont importantes, par le biais des échanges commerciaux, des mariages et des visites. L'unité de base du groupe est la famille nucléaire, composée du mari, de sa femme et des enfants sous leur dépendance ; cette unité peut augmenter lors de mariages polygames. Et des familles entières ou des individus séjournent souvent longtemps dans des groupes voisins, grâce au large réseau familial (réel ou fictif) créé par les liens du mariage ou les noms de lignage.

La terre n'est pas considérée comme un bien que l'on pourrait posséder, mais on reconnaît aux groupes le droit de l'exploiter s'ils possèdent une connaissance précise des ressources de leur territoire (localisation des plantes comestibles, mouvements du gibier), délimité par des caractéristiques physiques associées au sacré, ainsi que l'accès à des trous d'eau. Les groupes étrangers doivent demander l'autorisation d'utiliser ces ressources, notamment l'eau. Le leadership est peu affirmé, principalement assumé par une personne, généralement un vieil homme expérimenté ou un chasseur adroit, qui sert de porte-parole et qui incarne les droits afférents au territoire. Cependant, lorsqu'une décision concerne l'ensemble du groupe, elle est prise par la totalité des adultes, et le représentant n'a pas d'autorité directe, ce qui est compréhensible vue la composition éphémère du groupe.

Grâce à leur profonde connaissance des plantes, ce sont les femmes les plus âgées qui donnent le branle du départ et la direction du voyage. Parvenus sur les lieux de collecte, de petits groupes de femmes, quelquefois accompagnés d'enfants, partent le matin, pour ne revenir parfois que tard dans la journée, si la recherche a été difficile. Leur équipement consiste essentiellement en bâtons à fouir d'environ un mètre à la pointe durcie et en sacs de cuir ; parfois, leur large houppelande[34] leur sert aussi pour transporter la cueillette. Des filets sont utilisés pour transporter les tubercules et les melons, de même que les œufs d'autruche et les calebasses, tandis que de petits sacs en cuir sont utilisés pour récolter les baies. Outre la collecte de ces plantes comestibles, les femmes ramassent aussi, durant leurs déambulations, du chaume, pour couvrir leurs huttes, et du bois de chauffage.

Les plantes comestibles sont principalement consommées au sein de la famille étroite, sans qu'il y ait de partage avec les autres familles, car il y a rarement une pénurie de plantes comestibles. Chaque femme prépare, dans son abri, la nourriture qu'elle a récoltée pour sa famille. Pratiquement toutes les plantes peuvent être consommées crues, bien que, pour beaucoup, le fait d'être cuites soit dans les braises, soit sous les cendres dans le sable, rehausse leur goût.

L'inventaire des plantes comestibles diffère d'un groupe à l'autre, mais il est plus élevé au nord, presque privé d'eau bien que relativement boisé. On y trouve les noix de mongongo, consommées crues ou cuites sous la cendre, les fruits des baobabs, des prunes aigres, d'innombrables graines et racines, légumes, baies et tubercules, sans parler des melons et tubercules emplis d'eau. Lorsque sévit la sécheresse en été, ces deux derniers types de plantes permettent aux San de subsister en attendant la saison des pluies, qui peut être très limitée, comme nous l'avons déjà

[34] Vêtement en cuir en forme de caftan ou tunique.

signalé. C'est pourquoi les Bochimans essaient de recueillir le maximum d'eau possible dans des œufs d'autruche et des calebasses qu'ils enfouissent dans le sol ou suspendent à des arbres. Lorsque la nappe phréatique affleure presque la surface, ils prélèvent l'eau en l'aspirant grâce à des roseaux.

À ce régime végétarien (environ 80 %) vient s'ajouter, surtout l'hiver, diverses protéines animales. Les San qui séjournent dans les marécages de l'Okavango vivent principalement de la pêche. Quant aux autres groupes, ils doivent chasser. Cette activité, réservée aux hommes, est une source de prestige : quand un gros gibier est capturé, les flèches des chasseurs portent des marques de distinction[35]. Chassant par groupes de deux à six hommes, ils peuvent traquer trois jours durant le gibier empoisonné. Les flèches, construites avec le tuyau d'un roseau, sans plume, sont équipées d'une pointe effilée en os ou en fer, complexe puisque la hampe de la flèche se détache, laissant sa tête fichée dans le corps de l'animal. Cette pointe contient un poison, souvent celui extrait de la larve de diamphidium. L'arc fait un mètre environ[36], dans du bois de grewia, tendu par une corde confectionnée avec des tendons entrelacés d'antilopes koudou ou oryx. Lorsqu'elles ne servent pas, les flèches sont transportées, la pointe en bas, dans un carquois fait d'écorce de racines d'acacia. Depuis peu, certains possèdent également un fusil.

Les animaux sont abattus sur place puis dépecés pour être plus aisément transportés jusqu'au camp. L'animal appartient au chasseur dont la flèche est venue la première le frapper (reconnaissable par des marques distinctives). Il devient alors responsable du partage de la viande. Ce mets est particulièrement apprécié de par sa rareté, d'où le prestige qu'en tire le chasseur, puisque l'ensemble du campement en profite. Dans le partage, la préséance est donnée aux beaux-parents, puis aux parents et enfin aux autres membres selon des règles strictes de partage. Ces repas sont collectifs. En dehors des morceaux qui sont destinés à être séchés, la cuisson de la viande incombe aux femmes. Les hommes nettoient puis sèchent la peau et le cuir.

Les San recourent à des lances avec des pointes en métal pour les petites antilopes, les lièvres, les porcs-épics, les autruches ou les pintades, ou les assomment avec des gourdins lorsque ceux-ci sont acculés par leurs chiens de chasse. Des collets ingénieux, tressés avec des fibres de sanseveria, sont fabriqués pour capturer des lapins et

---

[35] Ces armes de chasse peuvent devenir si besoin des armes de guerre, mais les flèches sont plus grandes et moins élaborées.

[36] Sachant que les San sont souvent de petite taille : 1,20 m environ.

lièvres ainsi que des oiseaux. Les lapins sont harponnés dans leurs terriers par un crochet prolongé d'un long manche flexible, puis extirpés et tués. Depuis peu, les Bochimans possèdent aussi des pièges en métal. Des œufs d'oiseau, de tortue ainsi que certains types de serpent, de sauterelle, de larve de termite et de fourmi complètent le régime en protéines animales.

Dans certains groupes, les hommes arborent des chapeaux et des sandales en cuir. En revanche, tous portent des cache-sexe triangulaires dont la pointe est passée entre les jambes et attachée derrière, ainsi que des capes légères par temps frais. Les femmes, quant à elles, arborent un tablier ornemental frangé accroché à une ceinture et un autre plus petit, en dessous, tandis que les femmes les plus âgées portent également parfois un tablier sur leur derrière. La houppelande que possèdent la plupart des femmes sert de vêtement mais aussi de fourre-tout puisque, lorsqu'elle est attachée à l'épaule et à la taille, elle permet de transporter un bébé, ainsi que du bois de chauffage ou de la nourriture ramassée pendant les pérégrinations quotidiennes. Les vêtements des enfants varient selon l'âge et aussi souvent selon les régions. À 1 an, la mode vestimentaire est la même pour tous les bébés san : simple voile en cuir, pour les garçons, et tablier ornementé et frangé, pour les fillettes. Même mode ensuite pour toutes les fillettes : petite cape en plus du tablier vers 3-4 ans. En revanche, la mode va différer pour les garçons selon les groupes. Ceux du nord se voient offrir un petit cache-sexe similaire à celui de leur père et, quand ils seront en âge de suivre les hommes pour l'initiation à la chasse, une cape. Dans les groupes du centre, les garçons portent un tablier jusqu'à l'approche de la puberté, tandis qu'au sud certains garçons portent un cache-sexe et beaucoup d'autres restent nus.

Les ornements sont appréciés autant par les hommes que par les femmes. Des morceaux de racine ou de roseau, de graine ou de corne sont utilisés, mais les petits disques découpés dans des coquilles d'œuf d'autruche sont sans conteste les plus prisés, en collier ou en ceinture, tressés avec du tissu pour des serre-tête ou cousus sur les vêtements. Des colliers de verre, puis des objets en métal et en plastique furent utilisés aux XIXe et XXe siècles, tandis que des bracelets et colliers en métal étaient troqués avec des peuples voisins travaillant le métal. La carapace ouvragée d'une petite tortue, portée autour du cou ou attachée à la cape, contenait une poudre d'herbes odorantes. Les jeunes femmes peignent souvent leur visage et enduisent leurs cheveux d'une poudre d'ocre rouge ou de bois rouge mélangée à de la graisse animale. Des tatouages obtenus en roulant de la cendre dans les coupures sont arborés surtout par les femmes (visage, cuisses et fesses), tandis que les hommes, outre les tatouages ornementaux sur les cuisses et les fesses, portent au front des cicatrices d'initiation pour entrer dans le groupe des hommes et arborent des tatouages qui indiquent leurs succès à la chasse.

Afin de ne pas entraver la mobilité, les possessions sont limitées à ce que les membres du groupe peuvent transporter. À l'intérieur du campement, chaque famille possède sa propre hutte, faite d'une structure légère semi-circulaire de branchages et de ramilles couvertes d'herbe, dans laquelle se trouve un feu (foyer), qui devient le centre de la vie sociale. Durant le jour, les femmes s'y réunissent pour cuisiner, confectionner des colliers et des vêtements, discuter et s'occuper des jeunes enfants, tandis qu'à la nuit elles sont rejointes par les hommes pour converser et danser lors de fêtes rituelles. Cependant, chaque feu est considéré comme un rassemblement social séparé, et des salutations formelles sont échangées entre visiteurs et ceux déjà assis autour. C'est alors que les discussions peuvent démarrer et qu'ont lieu les cadeaux en nourriture ou en tabac. Ces préliminaires visent à éliminer les tensions. Il est de notoriété publique, en effet, que les San détestent les conflits et préfèrent s'éloigner dès que la tension monte ou qu'une personne hausse le ton.

Ces échanges autour du feu soulignent l'importance du statut personnel acquis grâce au prestige que confèrent les succès à la chasse, mais aussi l'âge. Car être âgé signifie incarner les droits du groupe à l'intérieur de son territoire. Les plus âgés sont aussi les dépositaires actifs du folklore et des savoirs médicaux rituels. Ils reçoivent aide et assistance de leur famille, mais ils peuvent être abandonnés en période de disette et de sécheresse. De telles décisions ne sont pas prises à la légère, mais sont acceptées par tous car nécessaires à la survie du groupe.

Certaines cérémonies sont régies par des règles sociales strictes, au premier rang desquelles le mariage. Même si les jeunes gens peuvent se rencontrer lorsque plusieurs groupes se rassemblent lors d'un campement saisonnier, les mariages sont souvent arrangés quand les enfants sont encore très jeunes, puisqu'il s'agit de respecter certaines règles préétablies : chez les !Kung, par exemple, le mariage est interdit entre cousins, quel que soit le degré, tandis que, chez les Nharo, le mariage est permis entre cousins croisés mais pas parallèles. Le premier mariage a souvent lieu quand le fiancé a 15 ans et la future épouse, 9. Lorsqu'il fait la cour à sa promise, le garçon apporte des cadeaux à ses futurs beaux-parents et prouve son habilité à chasser.

Juste après le mariage, le jeune mari doit travailler pour ses beaux-parents et se joint donc à leur groupe. Il chasse, prépare les cuirs et accomplit des tâches domestiques pour une durée qui varie d'un groupe à l'autre : chez les !Kung jusqu'au troisième enfant. Des divorces peuvent avoir lieu, de même que des seconds mariages. La polygamie n'est pas interdite, mais comme il y a peu de femmes en âge de convoler, peu d'hommes ont plus d'une femme. En outre, afin d'éviter la discorde au sein du cercle familial, l'homme qui cherche une seconde épouse prend la plus jeune sœur de sa première femme, car l'on suppose que les sœurs se toléreront mieux. Il est important en effet, pour les San, que la famille étroite soit unie, puisqu'elle est l'élément durable de groupes provisoires.

Les parents sont donc dévoués à leurs enfants, bien qu'il existe des preuves d'infanticides pratiqués afin de permettre un espacement optimal entre les enfants en fonction des contraintes écologiques, notamment lors de naissances gémellaires. Dès qu'il a atteint un certain âge, qui varie selon les groupes, l'enfant vit dans une hutte avec d'autres enfants du même sexe, mais il continue à manger autour du feu de ses parents. Le rôle économique des enfants croît avec l'âge. À partir de 6-7 ans, ils commencent à acquérir les savoirs de base : les garçons reçoivent des petits arcs et des flèches et apprennent à chasser en s'exerçant sur des insectes et de petits oiseaux, tandis que les filles imitent leurs mères en préparant les plantes comestibles, en ramassant du bois mort, en construisant des cabanes pour s'amuser et en prenant soin des enfants les plus jeunes.

Les enfants jouissent d'une liberté considérable et passent la plupart de leur temps à jouer dans ou à proximité du camp. Les adultes peuvent prendre part à ces jeux. L'un des jeux les plus répandus est le « jeu du melon », auquel se livrent seulement les femmes et les fillettes : les joueuses forment une ronde et dansent, claquent dans leurs mains et chantent à mesure que chacune à son tour lance le melon derrière son dos à sa voisine. Les hommes et les garçons s'amusent à lancer « le bâton bondissant », une mince branche flexible qui rebondit lorsqu'elle touche le sol, ou jouent à « plume et bâton » : un court roseau, lesté à un bout et garni d'une plume à l'autre extrémité, est lancé dans les airs avec un autre bâton et redescend comme un volant de badmington pour être renvoyé en l'air par un coup de bâton. D'autres formes de récréation consistent à créer des figures avec des ficelles, à jouer de la musique avec l'arc musical et le piano à pouce.

Des rites initiatiques ont lieu afin de marquer la transition vers l'âge adulte. Ils varient selon le sexe et les groupes. Toutefois, la plupart des groupes pratiquent une cérémonie qui n'est pas liée à la puberté physiologique mais à l'entrée dans la confrérie des chasseurs, et qui s'accompagne de l'apprentissage des techniques de chasse et des secrets religieux chargés d'amener la fertilité. Cette cérémonie peut durer un mois. Pour les filles, les cérémonies sont plus élaborées et sont directement en lien avec la puberté. Bien que ces cérémonies varient elles aussi d'un groupe à l'autre, elles ont pour trait commun une période de réclusion dès l'apparition de la première menstrue, qui est suivie par des danses cérémonielles, des scarifications et une éducation sur les responsabilités et le comportement attendu d'une adulte. Dès qu'ils sont initiés, les jeunes peuvent se marier.

Ces cérémonies démontrent l'existence de croyances religieuses, qui semblent assez semblables chez les divers groupes san du Kalahari. Tous croient en un créateur suprême de l'univers N!adi, Goa!na ou Hishe, étroitement connecté à la fertilité, mais qui n'affecte que très peu la vie quotidienne. Son pendant est un dieu mauvais, G//aua (certains groupes y voient la face mauvaise du dieu suprême), qui répand la mort et le malheur. Il existe en outre des dieux dans le ciel associés à l'aube et au crépuscule. Leur cosmogonie est riche également en êtres surnaturels qui personnifient des animaux, des corps célestes et des phénomènes naturels, puisque les San pensent que la nature et les événements sont contrôlés par des êtres surnaturels, bons ou mauvais. Plutôt que d'effectuer des pratiques propitiatoires envers les bons, les Bochimans préfèrent éradiquer le mal grâce à la magie et à la médecine.

C'est grâce à tout un processus éducatif que sont acquises les capacités de guérir, puisque ce sont les expériences de chaque jour qui sont transformées en un pouvoir qui contrôle une mystérieuse énergie interne qui peut servir à combattre la maladie. Dans certains groupes, plus de la moitié des hommes et de nombreuses femmes deviennent guérisseurs et peuvent servir d'intermédiaires entre la communauté humaine et l'univers spirituel. Les danses curatives, occasions religieuses et sociales importantes puisque chacun y assiste, membre du groupe ou visiteur, ont lieu une à deux fois par semaine. Assises autour de leur feu, les femmes se mettent à battre des mains et à chanter, pour finir par se rassembler toutes autour d'un grand feu au centre du campement. Tandis que les femmes et les enfants assis autour du feu chantent des chansons curatives, les hommes dansent autour d'eux en cercle.

Les pas de danse et la musique sont formalisés, portant le nom d'une espèce animale, telle que l'élan ou l'oryx. Certains hommes entrent parfois en transe, quand l'activation de leur énergie curative (*n/um*) leur permet d'ôter les maladies par le contact avec le corps des autres participants, rendant inoffensif l'esprit mauvais. Certains groupes pensent que, fou de musique et de danse, G//aua, l'esprit mauvais, sous sa propre forme ou celle d'un esprit de la mort, s'empare du guérisseur, capable alors de chasser la source d'affliction de celui qui souffre, tandis que d'autres San pensent que le dieu suprême intervient directement. Toutefois, tous sont conscients des dangers auxquels est confronté le guérisseur en entrant en transe, mais cela ne lui confère ni respect ni privilège spécifique. Des rites thérapeutiques peuvent ne concerner qu'un individu, mais ils sont moins formels.

Selon les ethnologues qui ont approché les San ces dernières décennies, ces cérémonies curatives sont aussi une façon de diminuer les tensions personnelles et sociales engendrées par l'arrêt du mode de vie de chasseurs-cueilleurs, processus face auquel ils se sentent impuissants. Les San détestent les conflits et, lorsque ceux-ci surviennent, ils les résolvent souvent en les fuyant : les personnes en conflit et leur famille se séparent et suivent chacune leur chemin. Soulignons que l'ordre social est maintenu par le ridicule, si nécessaire l'exil ou la divination pour déterminer la culpabilité et la punition appropriées. Des exécutions ont parfois lieu, bien que la justice gouvernementale soit maintenant souvent utilisée.

En effet, 95 % des San du Kalahari sont sédentarisés depuis les années quatre-vingt. Au Botswana, en Namibie et en Afrique du Sud, ils sont surtout devenus gardiens chez les pasteurs ou agro-pasteurs bantous ou chez les fermiers blancs qui se sont emparés de leurs terres. Les autres, notamment les San du Kalahari, travaillent dans le tourisme. Ironie de la situation, ils ont été expulsés de la réserve de chasse créée au Botswana (Central Kalahari Game Reserve), interdits de chasser et cueillir des espèces animales et végétales devenues protégées, qu'ils font désormais découvrir aux touristes en tant que pisteurs[37]. Ce savoir-faire, utilisé par les Afrikaners à l'époque des Boers, le fut plus récemment sous le régime d'Apartheid pour traquer les « terroristes » de l'ANC et du PAC (Pan African Congress). Cette unité spéciale était

[37] M. Mogae, le président de la République du Botswana, qui a investi des sommes considérables pour développer les télécommunications de son pays, pose la question suivante : « Comment se pourrait-il qu'une créature de l'âge de la pierre continue à exister à l'époque des ordinateurs ? Si les Bochimans veulent survivre, ils doivent changer, sinon ils périront, comme les dodos. » Question faussement naïve selon l'ONG londonienne Survival International, car ne s'agit-il pas plutôt de se débarrasser une seconde fois de gêneurs encombrants : après avoir été expulsés de la réserve du Kalahari (Central Kalahari Game Reserve), les San doivent désormais quitter des terres diamantifères ?

regroupée dans un village de la province du Cap du nord, non loin des frontières namibiennes et botswanaises[38].

II. LES KHOIKHOI OU HOTTENTOTS

Les Khoikhoi, à l'instar de nombreux autres groupes ethniques, font preuve d'ethnocentrisme en se dénommant « les hommes parmi les hommes ». Les colonialistes et les voyageurs ont préféré recourir à un autre mot que certains disent être une déformation d'un terme d'adresse (formule de bienvenue), alors que d'autres invoquent un mot d'origine hollandaise signifiant « bègue » par allusion à leur langue à clics.

Les livres de voyage font souvent allusion aux Hottentots dès le XVIIe siècle. Michèle Duchet, dans son ouvrage *Anthropologie et histoire au siècle des Lumières*[39] devenu un classique de l'histoire de l'anthropologie au XVIIIe siècle, montre que les Hottentots n'étaient pas inconnus des penseurs des Lumières et qu'ils alimentaient même leur discours. Buffon notamment, s'interrogeant sur la notion de race, classera les orangs-outan,s parmi les animaux et les Hottentots, chez les humains mais tout au bas de l'évolution humaine, compte tenu de leur apparence physique[40]. Cette image très dépréciative sera amplifiée par l'exhibition de la jeune Saarjie Baartman (1790-1815) pendant cinq ans dans diverses villes européennes, jusqu'à sa mort. Surnommée la « Vénus hottentote » pour son fessier protubérant ainsi que son « tablier »[41], elle confirme le caractère « animal » de la femme africaine. Cette image de sauvagerie se renforcera lorsque, s'enfonçant dans l'intérieur de la région du Cap, les colonisateurs hollandais connaîtront de nombreuses échauffourées sanglantes avec les Hottentots qui tentent désespérément de conserver quelque territoire.

Les Khoikhoi sont composés de grands groupes familiaux patrilinéaires, regroupant les descendants mâles d'un ancêtre commun.

---

[38] Cf. Anaïs Decando, « Les Bushmen, "hommes des hommes" », *L'Humanité*, 25 juillet 2001.

[39] Michèle Duchet, *Anthropologie et histoire au siècle des Lumières*, Paris, Albin Michel, 1971, 2e éd. 1995, 611 pages.

[40] « La tête couverte de cheveux hérissés ou d'une laine crépue, la face voilée par une longue barbe, surmontée de deux croissants de poils encore plus grossiers, qui, par leur largeur et leur saillie, raccourcissent le front et lui font perdre son caractère auguste » (Buffon).

[41] Les ouvrages de l'époque parle de « tablier hottentot » à propos des lèvres de la vulve très agrandies grâce à des manipulations culturelles s'apparentant à celles pratiquées chez les Bantous, que nous présenterons ultérieurement.

Les hommes d'un lignage cherchent obligatoirement des femmes en dehors de ce lignage. La coutume veut que le nouveau marié passe les premiers mois du mariage (jusqu'à la naissance du premier enfant) dans le village de ses beaux-parents, pour ensuite rejoindre définitivement le campement de ses parents avec son épouse et le nouveau-né.

Lors du décès du fondateur du groupe, son fils aîné lui succède de façon héréditaire. C'est à lui que revient la décision de la direction et du moment opportun pour se déplacer de nouveau. Il joue également le rôle de médiateur ou de juge lors de disputes ou de crimes de sang. Ce chef n'est pas isolé dans ses décisions, puisqu'il est secondé par un conseil tribal qui regroupe les chefs et les membres les plus âgés de tous les autres clans, institution qui permet de maintenir des liens vigoureux entre les différents campements.

La composition des groupes est très instable, car elle est fonction non seulement de l'accroissement de la taille des familles, des conflits (parfois sanglants) mais aussi des changements économiques et environnementaux. Ainsi, dans les régions semi-désertiques, à faible densité de population, la composition des familles est souvent de type nucléaire (parents et enfants). En revanche, dans les régions mieux irriguées et beaucoup plus densément peuplées, les familles regroupent une centaine de personnes dans de vastes campements d'allure militaire, afin de se protéger des chasseurs-cueilleurs hostiles mais surtout, avec l'arrivée des premiers Hollandais, des colonisateurs blancs, friands de terres fertiles pour leurs propres troupeaux.

Chaque groupe s'attribue une zone géographique dont il affirme la possession grâce à son extrême connaissance des lieux (zones de pacage pour le bétail, sources, points d'eau). Tout visiteur doit obtenir du chef l'autorisation de recourir à ces ressources vitales. Il s'agit là seulement d'une sorte d'usufruit temporaire. La pareille sera rendue à cet hôte et à son groupe s'il leur arrive également de passer sur ses terres.

Bien que pasteurs, les femmes khoikhoi pratiquent la cueillette des plantes sauvages et les hommes sont chasseurs. Le partage de la nourriture, tant du gibier que du bétail, est d'ailleurs un élément important de cohésion du village ; notamment la consommation des animaux sacrifiés lors de fêtes cérémonielles. Si l'on considère que la richesse d'une personne est mesurée à la taille de son troupeau, il apparaît donc que plus un pasteur peut prélever du bétail sur son cheptel pour une cérémonie, plus il en tire du prestige. Et si l'on considère que les chefs et les personnes les plus âgées possèdent les troupeaux les plus imposants, on comprend que le bétail renforce le statut social prestigieux que confère l'âge. Dans le même ordre d'idée, la dot offerte aux parents de la future épouse consiste aussi en animaux domestiques ; plus leur nombre est élevé, plus le prestige de la famille du futur marié augmente.

Les Khoikhoi possèdent de vastes troupeaux de moutons à la queue large, des bovins aux longues cornes et des chèvres pour le lait et les cérémonies rituelles. Les bœufs sont utilisés comme animaux de trait, surtout lorsque le campement change de place. Il y a une division sexuelle dans la gestion du bétail, puisque les hommes surveillent les bovins, tandis que les femmes et les enfants s'occupent des ovins et caprins.

Les troupeaux déambulent librement, pillards ou autres prédateurs ne sont pas à redouter. Les bergers partent chaque jour à la recherche de nouveaux pacages et ne retournent au campement qu'à la nuit. Les adultes qui ne s'occupent pas des troupeaux confectionnent au campement des outils et des armes ou des ustensiles domestiques.

Comme pour les San, la construction des huttes est adaptée au mode de vie nomade. La charpente et les nattes peuvent être démontées facilement et assemblées de nouveau rapidement au campement suivant. Lorsque le campement est installé sur un parcours de pacage régulier, les huttes ne sont pas démontées afin de pouvoir être de nouveau habitées lors d'un prochain passage. La charpente consiste en un certain nombre de longs bâtons de tamaris ou d'épineux plantés en cercle, liés ensemble grâce à des fibres végétales, puis recourbés vers l'intérieur pour former une voûte. Les nattes en jonc, confectionnées par les femmes, sont disposées avec soin sur l'ossature de la hutte, retenues par des pierres pour éviter d'être soulevées et emportées par le vent, et des branches épineuses empêchent le bétail de venir les brouter. Ces nattes, par temps sec, laissent passer l'air, qui rafraîchit l'atmosphère, alors que, quand il pleut, l'humidité dilate les roseaux, rendant le toit étanche. L'hiver, des peaux de bête tendues sur le toit empêchent le froid de pénétrer.

La porte principale de la hutte, construite selon un axe est-ouest, s'ouvre sur le soleil levant. Le sol, souvent composé de bouse mêlée à du sang, présente une surface dure et polie, recouverte de peau d'animaux domestiques ou sauvages. Les objets personnels sont placés dans des sacs en cuir suspendus à la charpente. La partie septentrionale sert de chambre à coucher. Naguère, des trous étaient creusés pour servir de lit, de plus en plus remplacés de nos jours par des châlits sommaires. Le reste de la hutte comprend trois zones : les enfants occupent les côtés, les visiteurs, la zone occidentale, tandis que la partie centrale, occupée par les parents, comporte, vers la porte, un âtre composé habituellement de trois pierres supportant une marmite. La partie sud du foyer sert de lieu de stockage. Une commode, souvent de style européen, renferme les outils, le linge de rechange et autres menus articles. Les ustensiles ménagers et ceux qui contiennent des aliments sont placés également près du feu, côtoyant les outils et les armes de chasse ou de guerre (arcs, flèches, lances traditionnelles, mais aussi mousquets).

Le contact avec les missionnaires au XIXe siècle conduisit à l'adoption du costume européen. Auparavant, les Khoikhoi des deux sexes portaient des vêtements en peau de bête domestique ou sauvage, surtout des tabliers de devant et de derrière et des capes. Les hommes portaient, attaché par une ceinture en cuir, un morceau de peau de chacal ou de chat sauvage comme tablier de devant et une pièce triangulaire derrière pour servir de siège. Également suspendue, une petite poche en cuir contenait de petits outils tels qu'une pipe et du tabac. Les femmes, quant à elles, portaient un tablier de derrière triangulaire dont les deux côtés supérieurs étaient attachés sur le devant, et deux petits tabliers de devant, dont le plus extérieur était frangé. Une ceinture en cuir ou des ficelles décorées de coquilles d'œuf d'autruche étaient nouées à la taille et retenaient des boîtes en carapace de tortue renfermant des cosmétiques et des poudres odorantes.

Hommes et femmes mettaient des capes en peau de mouton lorsque le besoin s'en faisait sentir, le côté laineux vers l'intérieur. Les femmes portaient d'ordinaire un chapeau en cuir, tandis que les hommes ne les arboraient que par temps de pluie. Ils ne mettaient des sandales en cuir que pour voyager. Les enfants, lorsqu'ils étaient vêtus, étaient habillés comme leurs parents, dans une version simplifiée.

Aussi bien les hommes que les femmes portaient des ornements : des colliers en coquille d'œuf d'autruche, en cuivre ou en boule de gomme noircie au charbon de bois ; des bracelets aux mains et aux pieds, des boucles d'oreille en cuivre et en acier, de même qu'une variété d'objets tels que coquillages, dents, racines, baies ou petites cornes noués autour du cou, de la taille ou dans les cheveux. Ils s'enduisaient la peau de graisse animale, être « huileux » était un signe extérieur de richesse, puisque cela laissait supposer la possession d'un important troupeau dont on avait abattu un certain nombre pour en tirer notamment de la graisse. Les femmes surtout se peignaient la face avec des pigments rouges, blancs, jaunes ou noirs, à l'occasion des fêtes notamment. Des plantes aromatiques servaient de parfums corporels.

L'accent mis sur les rites de transition souligne à l'évidence le rôle important que joue l'âge d'un individu dans la hiérarchie des Khoikhoi, aussi démontré par les termes d'adresse envers les plus âgés ou les plus jeunes. Il existe ainsi un terme spécifique pour distinguer les tantes maternelles plus vieilles ou plus jeunes que la mère.

Le thème central de la plupart des rituels khoikhoi est l'idée de transformation ou de transition d'un état vers un autre. La plupart des rituels marquent les périodes critiques de changement de statut : naissance, puberté, âge adulte, mariage et décès.

Les rituels et activités festives qui surviennent lors d'une naissance se retrouvent en d'autres occasions. Avant l'accouchement, la mère a été transportée dans une hutte dans laquelle elle demeure au minimum sept jours après la naissance. La mère et l'enfant étant considérés comme vulnérables, il y a lieu de pratiquer certains évitements : aucun homme ne peut pénétrer dans la hutte, la mère et l'enfant doivent éviter autant que faire se peut le contact avec l'eau. Durant les trois premiers mois, l'enfant est nourri de lait de chèvre ou de vache, pas de lait maternel. Un feu spécial est allumé dans la hutte. Après cette période de réclusion, leurs corps sont enduits de bouse de vache, de graisse et d'herbe odorante (*buchu*), puis ils sont réintroduits dans le groupe à l'issue d'une cérémonie à laquelle assistent tous les membres du campement et ceux d'autres campements liés par des liens de sang.

Les autres cérémonies présentent, elles aussi, ces mêmes périodes de réclusion où le contact avec l'eau est évité et où le feu et le *buchu* interviennent lors de la réintégration, comme éléments protecteurs. Durant les cérémonies d'initiation, du bétail est tué et les intestins sont passés autour du cou des initiés afin de signifier leur état de transition.

Les Khoikhoi attachent une signification particulière à la lune. Lors de la nouvelle lune et de la pleine lune, des danses et des rites importants sont exécutées pour faire venir la pluie, car la lune semble être considérée comme la manifestation physique d'un être suprême en liaison avec le ciel, la terre, et plus particulièrement la pluie.

Les Nama – un groupe khoikhoi du Botswana – distinguent deux figures mythologiques religieuses prépondérantes : Tsui-//goab, considéré parfois comme l'ancêtre fondateur des Khoikhoi, qui créa le monde et demeure le gardien de la richesse, de la prospérité et de l'abondance, puisqu'il contrôle la pluie et les phénomènes qui lui sont associés (nuages, éclairs et tonnerre) ; tandis que //Gaunab est un être mauvais qui propage la maladie et la mort. Autre figure importante : Haitsi-Aibib, héros légendaire et magicien de grande réputation capable de changer de forme. Bien que mort plusieurs fois, il a pu ressusciter, souvent sous une autre apparence. C'est pourquoi sa tombe est très fréquentée, les passants espérant se concilier la chance en rajoutant une pierre à son tombeau, ou en y laissant des branches, des morceaux de vêtement ou de peau.

Pour les Khoikhoi, le bétail n'est pas un produit qui peut être acheté ou vendu, il revêt une signification rituelle et sociale qui va bien au-delà d'une valeur monétaire. Les termes des échanges avec les commerçants hollandais étaient ainsi biaisés, puisqu'il ne s'agissait pas pour les Hollandais d'acheter les animaux, mais de les voler ou de contraindre les Hottentots à céder leur bétail ou à le troquer, contre de l'alcool, du cuivre ou de la bimbeloterie notamment. La perte d'immenses troupeaux générait une spirale rapide et brutale vers la marginalisation économique, d'autant plus rapide que les Khoikhoi, devenus de plus en plus dépendants des Hollandais, persistaient dans leur confiance aveugle envers les colonisateurs, qu'ils considéraient comme des médiateurs dans leurs disputes internes.

En effet, les Khoikhoi demandaient aux Hollandais d'arbitrer des raids qui pillaient les troupeaux d'autres clans. Les raids entre groupes hottentots semblent avoir été monnaie courante, ils accroissaient non seulement le troupeau des pillards mais aussi leur prestige et donc leur statut social. Toutefois, comme le nombre d'animaux pouvant subsister sur un territoire donné était limité, les raids de représailles, en ponctionnant le troupeau des voleurs, venaient rétablir une certaine balance. En outre, partie intégrante des processus de reproduction sociale des peuples pasteurs nomades, les raids faisaient l'objet de conventions tacites : lorsque trop de bétail était prélevé ou quand le nombre de rapts de jeunes filles devenait excessif, des compensations et des négociations étaient mises en œuvre. Sollicités comme arbitres, les Hollandais vinrent saper l'autorité des vieux chefs khoikhoi, en remettant en cause un processus qui permettait d'asseoir leur virilité et leur autorité face aux plus jeunes.

L'arrivée des Européens signifia également pour les Khoikhoi l'amputation de la plus grande partie de leur pacage et la relégation sur les terres les plus stériles. Les Hottentots durent alors abandonner les bovins pour se tourner vers les chèvres et, dans une moindre mesure, les ovins. Il s'agit d'un profond changement culturel, car le pasteur a perdu cette relation privilégiée avec chacun des animaux de son troupeau, à qui il avait attribué un nom et qui servait de lien avec l'environnement naturel et surnaturel. Par ailleurs, l'écosystème caprin a modifié profondément les paysages et la couverture végétale car les chèvres sont de redoutables prédateurs qui, broutant les arbustes et les herbes délaissés par les bovins, entraînent la disparition de nombreux gibiers.

C'est pourquoi, lorsque les mines de cuivre s'ouvrirent, vers 1850, beaucoup de pasteurs nomades troquèrent leur force de travail contre un salaire en devenant mineurs ou ouvriers agricoles. Les Khoikhoi furent alors regroupés dans des campements miniers ou des fermes, dans lesquels interférèrent l'administration, les militaires, les missionnaires et leurs écoles.

Du fait de leur peau claire, les Khoikhoi furent souvent considérés comme des métis nés d'un mariage entre Blancs et Bantous, au point que la théorie raciale qui cherchait à asseoir « scientifiquement » l'Apartheid en Afrique du Sud classa les Hottentots parmi les « *Coloured* », catégorie hétéroclite qui rassemblait sous une étiquette unique des métis d'origines diverses. C'est pourquoi beaucoup de personnes pensent que les Khoikhoi ont disparu, en se fondant dans le lumpenprolétariat des grandes villes d'Afrique australe ou parmi les San.

Or, les Khoikhoi subsistent, essayant de faire entendre leur voix et leur différence. Ils ne sont guère aidés par les ethnologues, qui préfèrent étudier les San, à la culture et à l'environnement plus exotiques. Les familles qui ont réussi à perpétuer leur mode de vie ancestral, vivent actuellement pour l'essentiel dans des réserves où leur bétail peut continuer à vaquer.

À l'instar des études faites sur les San, les Khoikhoi connaissent les mêmes discriminations socioculturelles et rejettent fortement toute éducation formelle, qu'ils considèrent inadaptée à leur mode de vie traditionnel. Ce n'est peut-être pas un hasard si les San et les Khoikhoi sont regroupés sous le vocable unique de « Khoisan » car, outre la langue à clics, ils partagent également une image très dévalorisée datant des premiers contacts avec les Européens ainsi qu'une très forte relégation économique, sociale et géographique qui s'explique par l'impossibilité de poursuivre de façon prospère leur mode de vie traditionnel. Enfin, ils sont animés par le même refus opiniâtre de « s'intégrer » sous peine de renoncer à l'éducation de chasseur-cueilleur ou de pasteur nomade.

À l'instar des quelques timides expériences d'éducation formelle en direction des jeunes enfants san, des expériences privées, soutenues par la Namibie, ont élaboré un projet en direction des Ovahimba, une ethnie khoikhoi vivant dans la région de Kunene, au nord-ouest du pays. Cette expérience part du constat que le système éducatif formel ordinaire ne répond pas aux besoins réels des pasteurs nomades qui doivent transhumer durant l'année scolaire à la recherche de pacages. Aussi, la réponse qui apparut la plus adaptée fut celle retenue pour les gens du voyage en France : les écoles mobiles. Les professeurs désignés s'efforcent donc de rendre l'éducation plus accessible en se « nomadisant » avec le groupe. Cette expérience est considérée comme pertinente car elle tient compte des activités quotidiennes et de l'expérience de vie des élèves et permet aux Khoikhoi de maintenir leur profonde connaissance de leur environnement ainsi que leur conscience aiguë de la nécessité de maintenir un équilibre naturel, essentiel pour survivre dans une nature hostile.

L'école elle-même reprend la structure de la hutte longuement décrite plus haut, avec une toile légère, tempérée comme les nattes de jonc, et reposant sur de solides poteaux, qui peuvent être installés, démontés et transportés facilement, à dos d'âne. Chaque école mobile comprend un enseignant itinérant accepté par la communauté, qui consulte régulièrement le chef de la communauté d'accueil. Les écoles sont dirigées par un chef d'établissement, assisté de conseillers pédagogiques et d'un inspecteur.

III. Les Bantous

Certainement parce qu'il nécessite l'appropriation permanente de terres et une grande stabilité des populations, l'agro-pastoralisme, contrairement au pastoralisme nomade et surtout à la chasse-cueillette, a dû édicter un mode de vie beaucoup plus formel. À la différence de la chefferie éphémère basée sur la connaissance de l'environnement des San, ou de la transmission héréditaire du statut de chef qui revient à l'aîné des descendants d'un ancêtre unique chez les Khoikhoi, les Bantous vont instaurer des chefs de village, des chefs de région et même un roi. Les échanges entre lignages vont se formaliser (mariages classificatoires croisés) et les activités vont se spécialiser (forgerons, griots, chasseurs, agriculteurs, guerriers, etc.).

Le chef du village régit le village, procède à un certain nombre de partages, comme nous le verrons par la suite, mais rend des comptes au chef de région, qui rend compte à son tour au roi (ou à la reine). La transmission héréditaire de la charge royale consiste, entre autres, à résoudre les conflits les plus difficiles que les chefs de village et de région, en se basant sur la loi coutumière, ne sont pas parvenus à résoudre. Il s'agit également de répartir les butins de guerre entre les sujets, de procéder à une redistribution sociale du bétail et des récoltes prélevés sur chaque village, mais aussi d'organiser les guerres, même si, chef de l'armée, il n'en prend pas la tête. Jouissant d'un pouvoir absolu, nul ne peut contester ses décisions, même s'il consulte les guérisseurs et guérisseuses à qui il est obligatoirement lié, puisque la femme du chef provient toujours d'un groupe de guérisseurs.

Quant aux chefs des villages, dont la charge est héréditaire, il s'agit pour eux également, à un niveau bien moindre que le roi, de procéder à des partages équitables (vêtements, couvertures, bétail, récoltes, gibier) et de résoudre les conflits en se basant sur la loi coutumière, qui est transmise par les griots aux différents clans, le soir, sur la place, de temps à autre.

La société bantoue, sans avoir instauré un système de castes, est divisée en divers groupes culturellement distincts. Il ne s'agit pas de castes dans la mesure où, par exemple, un fils de forgeron peut refuser de devenir forgeron mais désirer devenir agro-pasteur comme ses camarades. Il s'agit pourtant d'un début de division du travail puisque ne peut devenir forgeron qu'un fils de forgeron (il connaît déjà le métier, ayant assisté des milliers et des milliers de fois aux gestes de son père et de ses oncles forgerons). Cas de figure similaire pour un fils de griot, de guérisseur, de guerrier, etc. Ces fonctions spécifiques sont toutes héréditaires.

La terre est le bien des ancêtres et ne doit être transmise qu'aux descendants. Elle ne peut faire l'objet ni d'une appropriation privative individuelle, ni d'une aliénation à des membres extérieurs à la communauté. Toutes les personnes habitant le même village ou la même ville s'identifient par rapport à la terre des ancêtres – c'est la terre qui fut la principale raison de la révolution au Zimbabwe et au Mozambique, lorsque les gouvernements voulurent faire partir des individus des terres où se situaient les tombeaux de leurs ancêtres.

Tout comme les San et les Khoikhoi, les Bantous pratiquent le partage sexuel des tâches, mais, du fait de la possession des terres, le statut des femmes bantoues diffère quelque peu. En effet, celles-ci possèdent souvent un jardin privé, ainsi qu'un peu de bétail donné par leur père en dot ou offert par leur mari. En cas de divorce, la femme bantoue peut récupérer ses biens. Dans les familles matrilinéaires, la femme peut exploiter ses propres terres, donner la moitié de la récolte à son mari et l'autre moitié aux membres de sa lignée si elle le désire.

Comme pour les San et les Khoikhoi, la pédagogie mise en œuvre par l'éducation traditionnelle révèle une connaissance profonde de la psychologie de l'enfant et de l'adolescent, puisqu'elle les différencie en classes d'âge, en fonction de leur évolution physique et mentale.

En effet, de 1 à 6 ans, l'enfant demeure avec sa mère, et ne fréquente donc que le groupe des femmes. À partir de 6 ans se produit une séparation des sexes, chacun va vivre dans sa case : case des filles et case des garçons, jusqu'au mariage – 12 ans environ pour les filles, 14-15 ans pour les garçons. Grâce à ces mariages précoces, les jeunes Bantous, tout comme leurs compagnons san et khoikhoi, ne connaissent pas la « crise de la puberté », puisqu'ils passent directement du stade de l'enfance à celui de l'adulte.

Si l'éducation d'un jeune bantou est l'affaire de tous, et si n'importe quel adulte peut faire une observation à un jeune, la tâche éducative du garçon revient surtout aux oncles patri- et matrilinéaires, plutôt qu'au père biologique – même si ce dernier reste détenteur de l'autorité (cas de figure similaire pour la mère biologique envers sa fille).

L'éducation bantoue est basée sur une éducation très différenciée entre garçons et filles.

1. L'ÉDUCATION DES GARÇONS

Les oncles patri- et matrilinéaires commencent à s'occuper de l'éducation du jeune garçon lorsque celui-ci atteint 4 ans, en veillant à développer son autonomie (se lever, s'habiller, prendre soin de ses outils) et les qualités appréciées chez les hommes : être fort et autoritaire pour pouvoir diriger la famille.

L'enfant acquiert les connaissances du monde animal et végétal en accompagnant d'autres enfants plus âgés dans les champs, les pâturages ou en chassant du petit gibier, en pêchant dans les étangs, d'abord avec les adultes, ensuite avec des enfants de sa classe d'âge.

La chasse

Vers 10 ans, progressivement, il y a une initiation à la chasse d'animaux plus dangereux. Il faut que l'enfant ait atteint un certain âge et qu'il ait acquis une certaine force morale que lui confère un rite d'initiation. En effet, il est angoissant pour un jeune de pénétrer dans des zones de hautes herbes ou dans de vastes bosquets aux branches entremêlées d'où le danger peut surgir brusquement.

Le groupe de chasseurs se monte à une dizaine de personnes conduites par une personne plus âgée, « l'aîné », responsable du groupe et dont les ordres sont incontestés. Les armes ont été fourbies une semaine à l'avance, laissant ainsi le temps aux chasseurs de se préparer physiquement et psychologiquement.

La chasse dure une dizaine de jours car, outre la chasse en elle-même, il faut préparer la viande, la sécher, ainsi que les peaux.

De nombreux interdits doivent être respectés avant le départ pour la chasse : alimentaires (éviter les pois chiches, les gombos, les pattes et les cous de poulets), ne pas dormir avec une femme la veille du départ. Même si tout le monde sait que les chasseurs partent, puisque leurs femmes leur préparent un ravitaillement à base de mil rouge mélangé à du miel (*mbuva)*, il n'y a pas de cérémonie de départ et l'horaire précis est ignoré.

Avant de parvenir au lieu de chasse, le parcours s'accompagne de chants de chasse, afin de communiquer avec les esprits pour que la chasse soit bonne. Au bout d'une vingtaine de kilomètres, les chasseurs font une halte et mangent leur repas (*mbuva)*.

Toutes les informations autour des points d'eau où viennent se désaltérer les animaux, les traces, les excréments, les proies abandonnées à demi dévorées, sont interprétées par « l'aîné » qui veille aussi à la marche du groupe dans la forêt et à l'approche du gibier. Les échanges se font par signes, que les jeunes doivent avoir bien assimilés car leur sécurité et celle du groupe sont en jeu.

La chasse n'est pas un loisir pour les Bantous, mais une nécessité alimentaire (car source de protéines), surtout pour les groupes éloignés de la mer, et vestimentaire. Lorsqu'un homme vise un animal de sa lance, il récite quelques vers sacramentiels pour que sa proie soit touchée.

L'animal tué est traîné sur environ cinq cents mètres, un kilomètre, placé sur un arbre et éviscéré. Le plus jeune des chasseurs est chargé de laver les intestins sous la surveillance des aînés. Puis l'animal est dépecé et les peaux, mises à sécher. Les jeunes allument un feu, mettent à sécher près du feu la viande à boucaner et préparent le repas.

La chasse est poursuivie jusqu'à ce que la quantité soit jugée suffisante. Le retour a alors lieu, mais bien plus lentement qu'à l'aller, car la viande est lourde à transporter. À leur arrivée dans le village, les chasseurs se dirigent directement vers la case du chef, dans laquelle ils stockent la viande dans un endroit réservé à la chasse. Leur retour est annoncé au village, et une cérémonie est organisée. Le partage de la viande est effectué par le chef de village ou un de ses adjoints. Tout le monde a le droit d'avoir de la viande, même ceux qui n'ont pas envoyé un membre de leur propre famille chasser. Tout le monde mange ensemble, les femmes préparent des plats qu'elles amènent au chef et qui sont consommés par tous, regroupés par classes d'âge et de sexe.

Fabrication de couvertures (*gudza*)

Les hommes, durant l'hiver, lorsqu'ils sont moins actifs, fabriquent des *gudza* (couverture). L'hiver, la température peut descendre jusqu'à zéro degré Celsius, la nuit, des couvertures sont donc nécessaires pour dormir. Une unique couverture sert souvent à une seule hutte, puisqu'elle parvient à recouvrir l'ensemble des garçons ou des filles d'une même classe d'âge.

Les hommes récoltent des fibres naturelles sur l'arbre *munhondo*. Ils les font macérer dans beaucoup d'eau et les mélangent avec des colorants, de préférence rouges. Les fibres sont ensuite « attendries » en les martelant sur une pierre plate. Ces fibres sont ensuite tissées sous forme de tresses, puis cousues ensemble. En deux jours, deux hommes peuvent confectionner une couverture d'environ deux mètres.

Leur distribution suit tout un rite : les chefs sont servis en premier lieu, puis la répartition se poursuit selon certaines préséances, jusqu'à ce que tout le monde soit servi, même une vieille femme vivant toute seule dans sa hutte, sans enfant.

Fabrication de vêtements

Il revient aussi aux hommes de confectionner les vêtements, puisque c'est eux qui ont obtenu les peaux en allant à la chasse ou en élevant leur troupeau. Après avoir été séchée et bien étirée, la peau est découpée ensuite en plusieurs morceaux. Une peau de buffle peut servir à confectionner six vêtements de femme puisque celles-ci ne se couvrent que le devant. En revanche, l'habit du chef de village nécessite une peau plus grande, une bête entière en général.

Le défrichage des terres et les travaux dans les champs

Les garçons défrichent et les filles sèment. Il existe une véritable division du travail. Il y a des tâches réservées aux hommes et aux femmes.

2. L'ÉDUCATION DES FILLES

Contrairement aux garçons, qui exercent principalement leurs activités à l'extérieur, les filles travaillent surtout à l'intérieur des huttes. Outre la patience et la soumission, elles apprennent l'hygiène et la tenue d'une maison. Elles apprennent également à soigner leur aspect extérieur : acquérir une démarche gracieuse[42], confectionner des tresses, utiliser des cosmétiques, des huiles essentielles, etc.

Éducation sexuelle

Avant de s'endormir, chaque soir, une large place est accordée à l'éducation sexuelle. Une vieille femme, qui est une « tante paternelle »[43] classificatoire ou une grand-mère maternelle, et qui partage la hutte des jeunes filles nubiles, raconte des anecdotes sur la sexualité. Elle enseigne les positions pour accoucher et les y prépare psychologiquement, leur apprend à laver soigneusement leurs organes génitaux.

Elle veille notamment à ce que les lèvres de la vulve (*labia manora*) soient élargies (*kudhonza matinji*), pratique qui semble s'apparenter à celle dont nous avons parlé chez les Khoikhoi. Il s'agit, à partir de l'âge de 7 ans, de tirer quotidiennement sur les lèvres de la vulve afin que sa taille augmente de 3 à 5 centimètres. Cette pratique présente plusieurs avantages. Elle facilite l'accouchement, puisqu'il suffit de tirer sur les *labia manora* pour faire sortir le bébé du « ventre » de sa mère. Cela procure du plaisir à l'homme pendant les rapports sexuels, mais permet également de se prémunir contre les viols en « fermant » le sexe. Cette pratique favorise aussi la contraception, puisque la femme peut placer directement dans le vagin certaines plantes et le refermer, mais également la prophylaxie puisque des plantes et des poudres retirées quelques heures avant l'acte sexuel permettent de lutter contre les maladies sexuellement transmissibles. Enfin, c'est un moyen hygiénique qui permet de se protéger des bactéries, car ces lèvres forment une protection efficace, si l'on sait que ces femmes sont vêtues simplement de deux morceaux de peau, l'un placé devant, l'autre, derrière.

---

[42] Marcel Mauss a souligné l'importance de *l'hexis corporelle* (« mythologie politique réalisée, incorporée, devenue disposition permanente, manière durable de se tenir, de parler, de marcher, et, par là, de se sentir et de penser »), qu'illustre la façon qu'a une jeune fille de se mouvoir, de se tenir avec sa classe d'âge ou devant une personne plus âgée ou du sexe opposé. Ce sont ces comportements adaptés à chaque situation qui trahissent ou non une « bonne » éducation, une bonne éducation conduisant à un comportement « honorable », c'est-à-dire qui ne suscite aucun sentiment de honte chez celui qui accomplit le geste approprié ni de celui qui en est témoin (*shame culture*) ; par exemple, quelqu'un qui verrait une femme s'asseoir sur les pierres qui servent à écraser le millet, l'arachide et l'argile (on parle même alors de transgression d'un interdit).

[43] Dans les lignages patrilénaires (c'est-à-dire dans lesquels la transmission du lignage se fait par le côté paternel), les oncles et tantes « classificatoires » paternels (classificatoire regroupant tous les hommes et toutes les femmes qui se réclament d'un même totem, ici, celui du père) sont seuls autorisés à initier les jeunes à tout ce qui affère au totem, ainsi qu'à la sexualité.

Lorsque le bruit court qu'une jeune femme n'a pas élargi ses *labia manora*, elle est ridiculisée, ainsi que ses tantes et grands-mères paternelles, accusées de l'avoir mal éduquée. C'est un véritable déshonneur et la jeune femme est renvoyée par son mari chez ses parents sous le prétexte qu'elle n'a pas été initiée sexuellement. Il suffit que son mari dise : « Elle ne sait pas faire la cuisine » pour que tout le monde comprenne. C'est pourquoi les grands-mères et les tantes paternelles doivent surveiller l'accroissement physique des lèvres de la vulve en les inspectant régulièrement sous forme de jeu.

Respect des interdits alimentaires liés ou non au totem

Outre les interdits liés au totem[44], les grands-mères et tantes paternelles doivent également transmettre d'autres interdits, plus ou moins complexes. Ainsi, une femme enceinte ne peut pas manger d'œuf car, le fœtus étant lui-même un œuf, si la femme le consomme, cela peut avoir des conséquences néfastes sur le développement du fœtus et l'enfant peut être mal formé. Ces croyances traditionnelles peuvent être contrecarrées par une éducation formelle qui peut enseigner que les femmes enceintes ont besoin des protéines contenues dans les œufs pour le développement du fœtus[45].

Confection de poteries

La poterie est l'affaire des femmes chez les Bantous. Certaines femmes se spécialisent dans la confection de grandes marmites en terre, appelées *gate* ou *makate*[46].

Un groupe de femmes part à la recherche de carrières de glaise de différentes couleurs (noires, rougeâtres ou grises), où elles découpent des carrés de terre au moyen de houes, qu'elles rapportent au village.

On peut aussi prélever l'argile des termitières. Il faut ensuite affiner l'argile en la pilant, à l'instar du mil. On dépose l'argile dans une pierre,

---

[44] Une jeune fille appartenant au totem des singes ne pourra pas manger de singes. Les garçons doivent respecter eux aussi les interdits alimentaires liés à leur totem, mais comme ce sont les femmes qui préparent à manger, c'est à elles que revient le devoir de respecter ces interdictions.

[45] Se heurter à un interdit n'est pas anodin pour un enseignement formel, car ce conflit culturel s'attaque à la masse cachée d'un iceberg : le système culturel dans sa globalité. C'est pourquoi des enjeux qui paraissent peu importants (consommer un œuf) peuvent provoquer le refus total ou partiel d'une autre éducation. La connaissance de la culture traditionnelle s'avère donc très importante lorsqu'on désire lui en substituer partiellement ou complètement une autre.

[46] *Gate*, *makate* : pot en terre pouvant contenir entre dix et vingt litres d'eau.

guyo, d'environ 20 centimètres de haut, sur 50 centimètres de long et 40 centimètres de large, que l'on pile ensuite avec la pierre qui sert à écraser le mil, *huyo* (10 centimètres de haut, pour 30 de long et 10 de large). Enfin, après que le pot ait été modelé, on le polit avec des petits morceaux de citrouille séchée.

ILLUSTRATION N° 3 – GUYO NEHUYO

Source : *Tour du monde Zambie, Rhodésie et Malawi*, revue mensuelle, Paris, éd. Tallandier, août 1965.

Les ingrédients sont gardés dans une cabane-hutte construite à cet effet, interdite d'accès aux enfants et aux hommes.

Confection de l'huile pour le *chinu*[47]

Les femmes confectionnent aussi de l'huile de *chinu*, confection enseignée par la tante à sa nièce.

Après avoir extrait les arachides de terre, il convient de les griller, puis de les piller pour les « attendrir ». Elles sont alors écrasées entre deux pierres *guyo* et *huyo* (comme pour l'argile). L'huile ainsi extraite sert à l'alimentation, entre dans la composition des médicaments, mais est également utilisée pour les soins corporels (huiles essentielles). Elle est alors placée dans une petite gourde en coloquinte appelée *chinu* (voir photo), que ferme un bouchon spécial. Le *chinu* est souvent décoré avec des perles et fait partie du trousseau de la mariée lorsqu'elle part s'installer chez son mari. Le jour du mariage, la mariée apporte de l'eau aux hommes de la famille du mari pour que ces derniers se lavent les mains dans l'eau parfumée à l'huile essentielle de *chinu*.

ILLUSTRATION N° 4 – CHINU

Source : fabrication auteur.

[47] Gourde en coloquinte.

Pour les hommes, accepter cette huile signifie accepter la mariée. Outre cette importance rituelle, l'huile de *chinu* sert aussi à lutter contre les agressions solaires et à protéger les parties génitales féminines. Après les travaux des champs, les jeunes femmes vont se baigner à la rivière et s'enduisent ensuite d'huile essentielle. Plus une femme brille, plus elle est considérée comme belle.

Connaissance des plantes médicinales

Lors de leur promenade en forêt (pour se rendre dans des champs éloignés), les jeunes filles apprennent, par l'observation des anciennes, l'usage des différents arbres et plantes. Les femmes mariées transmettent leur savoir-faire aux femmes du clan d'accueil. Toutes les ethnies bantoues connaissent le *chifumuro* (contre les diarrhées) et le *zumbani* (contre les convulsions), car la vie des jeunes enfants est en jeu. Les arbres fruitiers sont souvent utilisés, de la racine jusqu'à leurs baies, en passant par leur écorce et leurs feuilles. Ainsi le *muhunguru* : les racines mélangées à de l'eau facilitent l'accouchement, les feuilles macérées servent à guérir les maux de ventre, l'écorce est utilisée pour laver les bébés et le bois (très dur), pour construire les greniers.

3. ACTIVITÉS COMMUNES AUX HOMMES ET AUX FEMMES

La confection de *bonde* (tapis de couchage) et de *dengu* (paniers de récolte) à partir de joncs est commune aux hommes et aux femmes et même aux enfants si ceux-ci le désirent. Cette activité est pratiquée dès qu'un individu a un instant de libre, après le travail dans les champs ou en hiver. Les femmes ajoutent une touche esthétique en rajoutant de la couleur selon le destinataire : couleurs vives pour les jeunes femmes, grises, pour les hommes, couleur terre, pour les femmes âgées.

Initiation

Chaque groupe culturel bantou a sa façon d'initier les jeunes, montrant ainsi que le jeune appartient à la culture bantoue, et, plus spécifiquement, l'inscrivant dans un lignage, à un totem précis.

Les parents ainsi que les oncles ou tantes classificatoires maternels sont exclus. Ceux paternels apprennent aux jeunes les interdits concernant leur propre totem, mais aussi les interdits touchant les autres totems. Lorsqu'une femme se marie, elle épouse aussi le totem du mari. Elle doit donc respecter un double tabou alimentaire, en ne consommant pas les produits interdits par son totem et celui de son mari. Quant aux enfants, ils ne respectent que les interdits touchant le totem de leur père.

L'initiation sexuelle (par les oncles et tantes paternels) permet ensuite des initiations professionnelles, là aussi héréditaires : chasseur, éleveur, guerrier, guérisseur, forgeron, chef de village, griot, etc.

4. TRADITION ORALE

a) Les contes

L'apprentissage des valeurs religieuses et morales s'effectue essentiellement par le biais de contes racontés au cours des veillées. Ces contes enseignent à porter une attention à l'environnement (succession des saisons, comportement des animaux, description des plantes, etc.), à mettre en avant les comportements valorisés (dynamisme, courage, labeur) et à en dévaloriser d'autres ,renforçant le mécanisme de la honte[48].

Mais le conte peut être aussi une sorte de subversion momentanée, le temps du conte, des valeurs ou des rapports sociaux acceptés par tous (comme lors du carnaval en Europe) ; cette subversion ne fait que renforcer la règle, comme ces nombreuses histoires qui mettent en lice le babouin (la fierté) et le lièvre (la ruse) – façon transposée de mettre en scène l'oncle (surtout maternel) et le neveu ; un jeune lièvre dit à son oncle babouin avoir mal à la tête, afin que ce dernier le porte sur son dos. Le babouin accepte, ignorant que le lièvre avait dit à ses amis : « Babouin est mon cheval, venez m'admirer cet après-midi sur son dos, j'aurai même un fouet pour le fouetter. » L'oncle maternel accepte beaucoup de son neveu, jusqu'à ce qu'il lui signifie les limites en le punissant (rappel de la loi totémique).

b) Les proverbes (*tsumo nemadimikira*)

Les proverbes jouent un rôle similaire aux contes, par la sagesse qu'ils professent sur le monde environnant. Nous en citerons ici quelques-uns.

---

[48] La « culture de la honte » (*shame culture*, en anglais) consiste à privilégier comme système d'éducation la honte, qui se traduit par un sentiment pénible de son indignité devant autrui, de son abaissement dans l'opinion des autres. Ainsi des pairs peuvent refuser de jouer avec un enfant qui présente un comportement déviant, parce qu'il est trop autoritaire, mal poli, etc.

Chakanaka chakanaka mukaka haurungwe.
« On ne met jamais de sel dans le lait parce qu'il est bon tel quel. »
[Il ne faut pas en rajouter, sinon cela gâche tout.]

Atsva ndebvu varume vanodzimurana.
« Quand la barbe de l'un d'entre eux brûle, les autres barbus accourent. »
[Entraide de ceux du même lignage.]

Mwana asingacheme anofira mumbereko.
« Le bébé qui ne pleure pas mourra de faim dans le porte-bébé. »
[Il faut réclamer lorsque l'on est dans le besoin.]

Kandiro kanoenda kunobva kamwe.
« Une petite assiette va d'où provient l'autre. »
[Réciprocité des échanges.]

Kwangu kwangu kurira kwengoma.
« Moi, moi, je suis le meilleur. »
[Ce sont toujours les autres qui sont fautifs.]

Mapudzi anovira kusina hari.
« Les citrouilles sont les plus belles chez celui qui n'a pas de pot [pour les cuire]. »
[La vie est mal faite.]

Mukuwasha mukuyu hauperi kudyiwa.
« Les gendres sont comme les figuiers, on n'en finit jamais de les manger. »
[Les gendres sont providence : on demande tout à son beau-fils (mariage classificatoire croisé).]

Manga chena inoparira parere nhema.
« Une citrouille blanche est signe de citrouilles d'autres couleurs. »
[Il faut toujours aller au-delà de l'apparence.]

Natsa kwaunobva kwaunoenda husiku.
« Sois bien avec les gens que tu quittes, parce que là où tu vas c'est la nuit. »
[On connaît ce qu'on a, non ce qu'on aura.]

Usiku humwe hahurodze mbeva.

« Une seule nuit ne suffit à décomposer [le cadavre du] le rat des champs. »
[Ce n'est pas très grave.]

Kuchenjedza nyamukuta kuzvara uchakuda.
« Tu tapes la sage-femme alors que tu veux encore des enfants. »
[Il faut se plier pour obtenir quelque chose.]

Mwana wenyoka inyoka (anongorumawo).
« Le bébé serpent mord aussi. »
[La force de l'« habitus », selon Bourdieu ; autrement dit : Les chiens ne font pas de chats.]

Yatsika dope yanwa.
« La vache qui a marché sur la boue signifie qu'elle s'est désaltérée. »
[Il faut savoir tirer des conclusions des observations.]

Mbudzi kudya mufenje hufana nyina.
« La chèvre mange le cactus, car elle a vu ses ancêtres le faire. »
[La force de l'éducation des aînés ; autrement dit : Tel père tel fils.]

c) Les devinettes (*zvirahwe*)

Les devinettes participent elles aussi à l'éducation du jeune enfant. Tout le monde peut y jouer, mais si, chez les adultes, c'est un moment récréatif, chez les jeunes enfants (entre 6 et 10 ans), ce sont de véritables exercices de développement cognitif.

Les énoncés des devinettes sont brefs car il s'agit, par de brèves juxtapositions d'images, d'initier le jeune à la maîtrise de l'analogie et du symbole et donc de lui enseigner à s'interroger sur les relations entre les choses et à aller au-delà de l'évidence en analysant les éléments au soubassement. C'est aussi un moyen efficace de susciter l'imagination.

Rakazvirowa rikazhamba – Jongwe
« Il s'est battu lui-même et a crié – Le coq »

Kapoterre negomo – Nzira
« Je ne traverse jamais la montagne – Une rue »

Bunum'unu zvare teka teka, teka teka zvare bunun'umu – Shiri nezai
« Bunun'unu a donné naissance à Teka Teka et Teka Teka a donné naissance à Bunun'unu – La poule et l'œuf »

Rinochema rasvika pachiro – Chitima
« Il crie lorsqu'il arrive chez lui – Le train »

Ndamupa ndamutorera – Muturikiro
« Je lui ai donné, je lui ai repris – La tringle à vêtement »

Pota neyo tisangane – Mbariro
« Fais le tour et on se retrouvera de l'autre côté – La corde qu'on utilise pour construire les huttes »

Ndakwira mugomo ndaona guvi reropa – Nhengeni
« Je suis monté sur la montagne et j'ai trouvé un bain de sang – Fruits rouges dans un arbre »

Mombe dzahaba wangu chena dzega dzega – Mazino
« Les vaches de mon père sont toutes blanches – Les dents »

Kuenda humbangu kudzoka humbangu – Sasa
« Si je pars, je clique, quand je reviens, je claque – La porte »

d) Les louanges

Une personne qui est remerciée pour une raison quelconque va entonner un air qui laissera entendre qu'elle fera mieux la prochaine fois. Ces louanges chantées sont aussi une façon d'inciter les enfants à reproduire les comportements valorisés, en mettant en exergue le totem (les ancêtres, la région d'origine, les qualités de l'animal totémique) et la solidarité avec son totem. Ainsi, dans une communauté où le totem paternel est le singe, on va chanter à l'enfant :
Maita maita : Merci, merci beaucoup.
Maita Soko : Merci, singe.
Maita Murehwa : Merci, Murehwa[49].
Maita mushambanegore : Merci, vous qui vous lavez une fois par an.
Munopona nemvura yanaya : C'est grâce à la pluie du ciel que vous vous lavez.
Maita mukanya : Merci, la fierté [qualité attribuée au babouin, cf. sa démarche majestueuse].
Maita vari kumakomo : Merci, ceux qui sont dans les montagnes [les ancêtres].

---

[49] Une région au nord de Harare, d'où sont originaires les Soko (ce qui est un moyen ludique d'enseigner la généalogie du groupe totémique du babouin au jeune enfant).

Munopona nezwekuba : Vous survivrez grâce aux rapines [autre particularité du babouin].
Maita bveni : Merci, babouin[50].
Maita Chinamhora : Merci, Chinamhora[51]
Maita maita Soko : Merci, merci, singe.

e) Les tambours

Le tambour est un moyen de communication très efficace. Par des rythmes différents, on peut annoncer à des villages éloignés, entre 4 heures et 6 heures du matin souvent, le décès d'un enfant ou d'un adulte, afin de convier les autres communautés à venir à l'enterrement. Les tambours peuvent aussi prévenir d'un danger (présence d'un lion ou d'éléphants dans les parages). Dans un tel cas, et lorsque des cris aigus préviennent de la proximité du danger, les hommes doivent tous s'emparer d'une lance et sortir du village pour affronter le danger. Même chose lorsque surviennent des tribus ennemies. Les femmes et les enfants sont mis à l'abri tandis que les hommes se portent à la rencontre de leurs ennemis pour les affronter.

ILLUSTRATION N° 5 – NGOMA

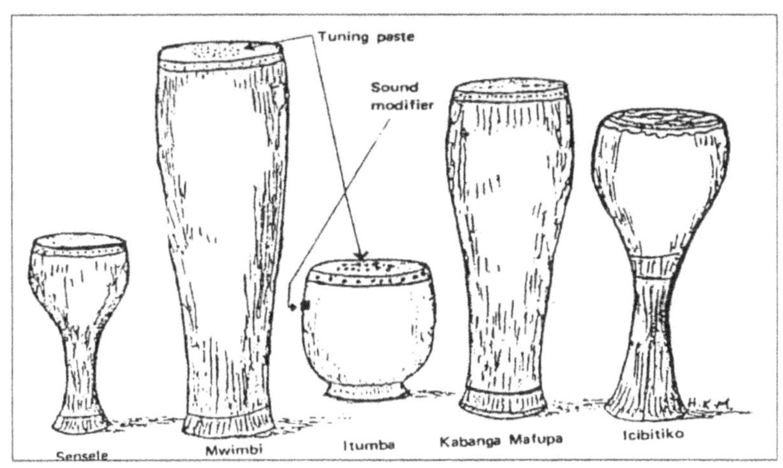

Source : CICIBA[52].

[50] Babouin = oncle maternel des singes.
[51] Autre région du clan des Soko.
[52] Sous la direction scientifique de Théophile Obenga, *Les peuples bantu. Migrations, expansion et identité culturelle*, Paris-Libreville, L'Harmattan-CICIBA, tome 1, 1989, p. 498.

f) Les chansons

Les chansons sont souvent transmises lors des grands événements qui marquent la communauté villageoise, comme les mariages, les décès et les naissances. Chantées en groupes, elles servent à démontrer la solidarité collective et à resituer des événements individuels dans la collectivité dans sa globalité. Les chants et les danses servent aussi à remercier les esprits pour la pluie, pour les récoltes, le retour des chasseurs et le retour des jeunes initiés, sains et saufs. Les occasions sont tellement nombreuses que l'on considère qu'en moyenne les jeunes enfants bénéficient de six heures de cours informels de danse et de chant par semaine. C'est pourquoi, dès 12 ans, ils sont d'excellents danseurs. Les plus appréciés d'Afrique australe sont les danseurs bantous d'Afrique du Sud.

CONCLUSION PARTIELLE

À propos de l'éducation traditionnelle en Afrique australe des trois groupes africains que nous venons d'étudier (San, Khoikhoi et Bantous) et de l'éducation formelle, nous faisons nôtre cette réflexion de F. Chung[53] :

> « Plus que tout autre continent au monde, l'Afrique doit repenser ses systèmes éducatifs en considérant, d'un côté, la globalisation de l'économie mondiale et, de l'autre, la situation réelle. En outre, bien trop souvent, les systèmes éducatifs hérités de la colonisation ont été conservés plus ou moins en l'état, en partant du postulat général de « maintenir le niveau », bien que ces soi-disant niveaux soient plus illusoires que réels, avec une élite très restreinte jouissant d'une éducation comparable à la métropole, et l'immense majorité, totalement privée de toute forme moderne d'éducation[54]. »

---

[53] Ministère de l'Éducation, gouvernement du Zimbabwe (1988-1993).

[54] « Africa, more than any other continent in the world, needs to re-think its education systems in line with, on the one hand, the globalization of the world economy, and on the other, the real situation. In addition, all too often, the inherited colonial systems of education have been preserved more or less intact, generally with the rationale of 'preserving standards' although these so-called standards were more illusory than real, with a very small elite enjoying exactly the same education as in the metropolitan country and the vast majority being deprived of any form of modern education at all. » (F. Chung, « Education in Africa Today », *in* J. Delors, *Learning : The Treasure Within. Report to Unesco of the International Commission on Education for the Twenty-first Century*, Paris, Unesco, 1996.)

Dans les chapitres qui vont suivre, à travers la description de l'éducation des femmes en Afrique australe dans diverses régions (Zimbabwe, Afrique du Sud), dans des environnements (urbain, rural, mine, réserves) et des milieux socioéducatifs différents, face à certains problèmes de société (Sida), etc., nous tenterons d'élaborer des hypothèses afin de discerner le rôle de ces facteurs (et d'autres encore) dans l'éducation des femmes en Afrique australe.

Deuxième partie

ÉVOLUTION DE L'ÉDUCATION SCOLAIRE, L'ALPHABÉTISATION ET LA FORMATION PENDANT ET APRÈS LA COLONISATION

CHAPITRE 3

La scolarisation des femmes

« L'homme ne peut devenir homme que par l'éducation. Il n'est que ce que l'éducation fait de lui[55]. » Ce propos de Kant sur l'enjeu de l'éducation est l'écho fidèle de l'*Émile* de Jean-Jacques Rousseau : « On façonne les plantes par la culture, et les hommes, par l'éducation. » En Afrique australe, l'éducation et surtout celle de la femme est donnée dans l'esprit d'une société éloignée de la société traditionnelle : les fonctions des femmes sont supposées se limiter aux affaires familiales, à la gestion des familles. À la différence du passé, où les femmes avaient des droits certains, elles pouvaient même être chefs de tribu ou conseillères du roi, voire reines elles-mêmes. Ainsi, nous nous nous demandons si ce n'est pas dans le passé qu'on peut plus valablement trouver des modèles éducatifs adéquats pour l'éducation africaine moderne, selon le proverbe africain : *Quand on éduque un homme, on éduque un individu. Quand on éduque une femme, on éduque une famille, une nation.*

Dans ce chapitre, nous partons de l'hypothèse selon laquelle l'éducation de la femme est influencée par l'environnement social et culturel (systèmes de valeurs, croyances) spécifique du groupe de population, de son pays ou de sa région.

C'est par l'étude du rôle et du statut des femmes dans un environnement donné que l'on peut accéder à une meilleure compréhension des logiques qui influencent l'évolution de l'éducation de la femme et ses répercussions sur la fécondité et la santé.

En Afrique australe, en ville, de nos jours, envoyer une fille à l'école est une décision familiale dans la majorité des cas. Au contraire, dans les campagnes, cette décision viendra de la famille élargie, qui applique

---

[55] Kant Emmanuel, *Réflexions sur l'éducation* (1803), Paris, Vrin, 1966.

les normes collectives comprenant la morale, la religion, les croyances et les coutumes.

Nous aborderons notre sujet sous trois angles : économique, social et environnemental. Pour cela, nous allons :

— présenter l'éducation formelle et non formelle dans le cadre de la formation continue ;
— comparer les politiques et les programmes éducatifs et leur impact sur l'économie, le social et l'environnement en Afrique du Sud et au Zimbabwe.

En étudiant le lien qui existe entre sociologie et l'éducation, nous analyserons l'impact des problèmes liés au sexe sur l'éducation des femmes de la région et les inégalités sociales et culturelles entravant l'éducation des femmes à tous les niveaux. Nous allons essayer ainsi de répondre à des questions telles que :

— Peut-on combattre efficacement la pauvreté au moyen de l'éducation et de l'instruction dans le cadre du développement durable ?
— Est-il possible d'exiger une éducation des femmes sur le plan écologique (gestion des forêts, et abattage des arbres) lorsque l'on sait que les autochtones n'ont pas même de moyen d'énergie pour survivre ?

I. SOCIOLOGIE ET ÉDUCATION

1. SOCIALISATION ET HABITUS

« La socialisation est caractérisée par la formation de l'habitus[56] », concept que Bourdieu définit de la manière suivante :

> « Les conditionnements associés à une *classe* particulière de *conditions d'existence* produisent des *habitus*, systèmes de disposition durables et transposables, structures structurées disposées à fonctionner comme structures structurantes, c'est-à-dire en tant que principes générateurs et organisateurs de pratiques et de représentations qui peuvent être objectivement adaptées à leur but sans supposer la visée consciente des fins et la maîtrise expresse des opérations nécessaires pour les atteindre, objectivement "réglées" et "régulières" sans être en rien le produit de

[56] Bonnewitz Patrice, *Premières leçons sur* La sociologie *de P. Bourdieu*, Paris, PUF, 1998, p. 62.

l'obéissance à des règles, et, étant tout cela, collectivement orchestrées sans être le produit de l'action organisatrice d'un chef d'orchestre[57]. »

Cette définition renforce l'idée que l'habitus est un système de dispositions durables acquis par l'individu au cours du processus de socialisation. Les idées de Patrice Bonnewitz convergent avec celles de Bourdieu sur ce sujet :

> « Les dispositions sont des attitudes, des inclinations à percevoir, sentir, faire et penser, intériorisées par les individus du fait de leurs conditions objectives d'existence, et qui fonctionnent alors comme des principes inconscients d'action, de perception et de réflexion[58]. »

Sans conteste, l'intériorisation constitue un mécanisme essentiel de la socialisation dans la mesure où les comportements et les valeurs appris sont considérés comme allant de soi, naturels, quasi instinctifs ; l'intériorisation permet d'agir sans être obligé de se souvenir explicitement des règles qu'il faut observer pour agir.

Dans son interprétation de la sociologie de Bourdieu, Patrice Bonnewitz[59] dit :

> « Le concept d'habitus permet de comprendre de quelle manière l'homme devient un être social. La vie en société suppose que l'individu soit socialisé. La socialisation correspond à l'ensemble des mécanismes par lesquels les individus font l'apprentissage des rapports sociaux entre les hommes et assimilent les normes, les valeurs et les croyances d'une société ou d'une collectivité. Les normes désignent les règles et usages socialement prescrits caractérisant les pratiques d'une collectivité ou d'un groupe particulier : langage, règles de politesse, comportements corporels, etc. Les valeurs sont des choses ou manières d'être considérées comme estimables et désirables, des idéaux plus ou moins formalisés orientant les actions et les comportements d'une société ou d'un groupe social ; le sens de l'honneur, de la justice, le patriotisme, l'amour d'autrui en sont quelques exemples. »

L'intensité des acquisitions varie ainsi selon l'âge : on distingue traditionnellement la *socialisation primaire*, ou socialisation de l'enfance (dans la famille), et les *socialisations secondaires*, processus d'apprentissage et d'adaptation des individus tout au long de leur vie (l'école, par exemple).

---

[57] Bourdieu Pierre, *Le sens pratique*, Paris, Éd. de Minuit, 1980, p. 88-89.
[58] Bonnewitz Patrice, *Premières leçons*, *op. cit.*, p. 62.
[59] Bonnewitz Patrice, *Premières leçons*, *op. cit.*, p. 62-64.

Il nous paraît important par ailleurs de distinguer deux sortes d'habitus, indispensables dans tous les apprentissages : les habitus primaires et les habitus secondaires. Ceux que nous avons subis au cours de notre enfance ont pour résultat de nous inculquer un *habitus primaire*. Celui-ci est constitué des dispositions les plus anciennement acquises et donc les plus durables. Le groupe familial joue un rôle prépondérant dans cette socialisation primaire. Sachant que chaque famille occupe une position dans l'espace social, la transmission dépendra de cette position et de la classe sociale ainsi que de l'appartenance géographique (Afrique, Europe, Asie). Un enfant san, bantou, européen (en Afrique) va recevoir en règle générale une éducation liée à une position de classe (cette position de classe est liée à l'Afrique). Si nous prenons cet enfant et le plaçons en Europe, le mode de référence qui va de pair avec les dispositions à reproduire spontanément la pensée, la parole, l'action, les rapports sociaux existant au moment de l'apprentissage (mode de rédaction, par exemple) change. C'est pourquoi l'habitus peut être considéré comme un mécanisme d'intériorisation de l'extériorité : nous intériorisons les propriétés liées à la classe sociale de nos parents dans l'espace social. Des enfants ou gens situés dans des conditions sociales différentes vont acquérir des dispositions différentes.

Nous avons défini au chapitre précédent *l'école* comme étant un lieu de *socialisation*. La socialisation, selon Bourdieu, en assurant l'incorporation des habitus de classe, *produit* l'appartenance de classe des individus, tout en reproduisant la classe en tant que groupe partageant le même habitus. Le concept est donc le fondement de la *reproduction* de l'ordre social. Ce principe de conservation peut aussi devenir un mécanisme d'invention et donc de changement.

Dans l'apprentissage scolaire (formel), chez l'enfant africain, à mesure que ce premier programme (primaire) est inscrit chez l'enfant, il y a coexistence de deux facteurs : celui qui renforce de plus en plus les expériences nouvelles en fonction de son habitus primaire et celui qui est lié à la « *shame culture* »[60] de René Bureau, à savoir l'apprentissage

[60] Bureau René, *Apprentissage et cultures*, Paris, Karthala, 1988, p. 28. On a pu distinguer, à propos de l'apprentissage de la loi, les sociétés à honte (*shame cultures*) et les sociétés à culpabilité (*guilt cultures*). Les premières s'y prennent de telle sorte que les conduites à tenir soient en permanence dictées par le regard des autres, nécessairement présents ; la sanction est portée par la réprobation du groupe, qui provoque la honte chez le transgresseur. Les secondes renvoient l'individu à sa conscience propre, en provoquant l'autonomie de la personne, la rendant capable d'initiative, au prix de l'angoisse solitaire, « terrible prix à payer au progrès », selon la remarque de Freud.

par l'imitation et la découverte. Ceci consiste à effectuer ou adopter un mode de comportement qui s'avère approprié ou mal adapté selon le cas ; dans le deuxième cas de figure, il suffira de se repérer et refaire ou répéter l'acte fautif tout en l'améliorant.

Contrairement à ce processus de *shame culture*, dans le cas de la culture occidentale, « *guilt culture* », il s'agit plutôt d'agir ou de réagir dans un contexte quasiment prédéterminé, où l'erreur est sanctionnée par la critique ou d'autres moyens de redressement. De telle sorte que, chez l'enfant africain, les dispositions déjà acquises conditionnent l'acquisition ultérieure de nouvelles dispositions, d'où une lenteur dans l'acquisition des matières scolaires dans les premières années de scolarisation. Il lui faut un certain temps pour apprendre dans une langue étrangère et pour mettre en place ces mécanismes. Ainsi sur l'habitus primaire se greffent, au fil du vécu de l'agent, des *habitus secondaires*, parmi lesquels nous avons souligné l'importance particulière de l'habitus scolaire qui, en règle générale, succède à l'habitus familial et le double. En fait, l'habitus ne cesse de s'adapter aux nouveaux acquis et de s'ajuster en fonction des nécessités inhérentes aux situations du moment.

> « L'habitus... Pour reprendre l'exemple fondateur des « héritiers », il y a cohérence entre l'enseignement universitaire et l'habitus des classes favorisées qui permet aux étudiants d'intégrer l'enseignement des lettres ou de la philosophie dans leur acquis culturel préalable, fait de la fréquentation de tous types de spectacles, de discussions habituelles sur les arts ou la politique. [...] l'habitus désigne cette capacité acquise socialement par un individu qui lui permet de jouer au bon moment et sans réfléchir le « coup » correct, c'est-à-dire d'avoir, comme si c'était naturel, la réaction immédiate et appropriée à un environnement[61]. »

Pour les besoins de notre analyse, le terme « habitus » sera pris dans son sens universel. Ce qui nous permet d'appliquer l'habitus dans en Afrique australe, où nous trouvons les mêmes paramètres décrits dans *Les héritiers*[62] : l'habitus nous permet de discuter de l'évolution de l'éducation en général, mais surtout de celle de la femme à travers la période étudiée. En comparant l'Occident et l'Afrique australe, nous constatons qu'il y a cohérence entre l'enseignement primaire, secondaire, universitaire et l'habitus des classes favorisées qui permet aux étudiants de choisir des domaines d'études en fonction de leur

---

[61] Textes essentiels, *La Sociologie*, Larousse-Bordas, Paris, 1997, p. 78.

[62] Pierre Bourdieu et Jean-Claude Passeron, *Les héritiers. Les étudiants et la culture*, Paris, Éditions de Minuit, 1964.

acquis culturel préalable. La manière dont l'habitus se manifeste est cependant différente, ce dernier étant entièrement lié aux problèmes socioculturels, eux-mêmes imbriqués dans les problèmes d'apprentissage primaire et secondaire. Ce qui nous intéresse ici sera *l'apprentissage secondaire* (*l'école*).

En étudiant ce phénomène, nous pouvons voir l'impact de l'habitus sur l'éducation et la scolarisation des femmes de l'Afrique australe. D'une manière plus générale, l'habitus désigne cette capacité acquise socialement par un individu lui permettant de réagir spontanément et correctement sans réfléchir, c'est-à-dire d'avoir une compétence culturelle. Un comportement désirable à l'africaine diffère de l'occidental, les faits sociaux n'ayant pas toujours les mêmes valeurs ; par conséquent, les acteurs éprouvent des difficultés à distinguer les éléments pertinents et non pertinents à un *apprentissage secondaire*. Chez Bourdieu, le long apprentissage des valeurs sociales ne fait en aucun cas obstacle aux compétences interactives. Cet entraînement social qu'enseigne un groupe social à ses membres, une fois acquis sous la forme d'un habitus, semble tout naturel et permet d'opérer en toutes circonstances les choix corrects et de s'exprimer d'une manière convenable selon l'environnement. Pour faire cette distinction qui nous permettrait de comprendre la pertinence du modèle de Bourdieu dans notre étude, nous allons appliquer cet habitus dans le cadre de l'Afrique australe en nous appuyant sur les cas d'« inégalités des chances » pour la réussite scolaire des filles et des garçons, vu la préférence des parents pour les garçons.

2. Inégalités de chances scolaires en Afrique australe

Certains auteurs critiquent les travaux de Bourdieu et Passeron d'une part, et celui de Boudon sur les inégalités d'accès à l'enseignement secondaire d'autre part, les raisons de ces critiques se basant sur le fait que ni les uns ni les autres ne se considèrent comme des sociologues de l'éducation.

Nous sommes d'accord avec ces trois auteurs dans leur présentation du problème comme étant la manière dont la société se reproduit, et c'est à partir de cette interrogation de sociologie générale que nous allons nous pencher sur le rôle de l'école en Afrique australe. Pour bien poser notre hypothèse, nous nous sommes intéressée aux travaux de Viviane Isambert Jamati, qui se définit comme sociologue de l'éducation. Mais nous allons nous servir de la critique de Bourdieu et

Passeron pour mener à bien notre hypothèse d'origine. Avant cette critique, examinons cette citation de Bernstein[63](1992) :

> « La communication pédagogique du système éducatif est seulement un relais pour quelque chose d'autre. Que ce soit à l'école, à la crèche, à la maison, elle est le relais des relations de classe ; elle est le relais des relations entre les sexes, elle est le relais des relations entre les régions. La relation pédagogique est un relais déguisé pour des modèles de domination qui lui sont extérieurs. »

Nous essaierons d'aller plus loin que cette citation en nous posant la question suivante : Quelle relation existe entre la reproduction culturelle et l'éducation dans les pays étudiés ?

Pour bien cerner notre propos, nous devons revenir aux cultures d'Afrique australe. Comme partout dans le monde, les inégalités de chances existent au sein des populations les plus démunies de l'Afrique australe. Au vu des disparités culturelles et les différences qui existent dans la reproduction culturelle selon P. Bourdieu et J.-C. Passeron[64], nous partirons de l'hypothèse qu'il n'y a pas d'homogénéité de la perception de la scolarisation dans les pays étudiés hormis l'Afrique du Sud et le Zimbabwe.

Prenons par exemple une famille africaine (catégorie C[65]) qui envoie un enfant à l'école pour qu'il puisse lire et écrire, en espérant le voir devenir « fonctionnaire » et gagner de l'argent pour la famille. Malgré sa bonne volonté, cette famille se désintéressera involontairement de *l'emploi du temps du travail scolaire* de l'enfant car elle n'est pas consciente de l'importance de la scolarisation pour l'enfant. En effet,

---

[63] Bernstein B., 1992, « La construction du discours pédagogique et les modalités de sa pratique », *Critiques sociales*, n° 3-4, p. 20-21.

[64] Si l'école aime à proclamer sa fonction d'instrument démocratique de la mobilité sociale, elle a aussi pour fonction de légitimer – et donc, dans une certaine mesure, de perpétuer – les inégalités de chances devant la culture en transmuant, par les critères de jugement qu'elle emploie, les privilèges socialement conditionnés en mérites ou en « dons » personnels. À partir des statistiques qui mesurent l'inégalité des chances d'accès à l'enseignement supérieur selon l'origine sociale et le sexe et en s'appuyant sur l'étude empirique des attitudes des étudiants et des professeurs ainsi que sur l'analyse des règles – souvent non écrites – du jeu universitaire, on peut mettre en évidence, par-delà l'influence des inégalités économiques, le rôle de l'héritage culturel, capital subtil fait de savoirs, de savoir-faire et de savoir-dire, que les enfants des classes favorisées doivent à leur milieu familial et qui constitue un patrimoine d'autant plus rentable que professeurs et étudiants répugnent à le percevoir comme un produit social. Pierre Bourdieu et Jean-Claude Passeron, *op. cit.*

[65] Catégorie C = les Africains (selon la loi de la ségrégation qui n'existe plus) en Rhodésie du Sud et en Afrique du Sud.

l'instruction des enfants dépend du niveau d'instruction de parents (ceci est général en Afrique). Deux cas semblables qui ont existé à l'époque de l'Apartheid en Afrique du Sud ou de la « ségrégation » raciale au Zimbabwe nous aideront à illustrer notre propos sur les « inégalités » : pour la scolarisation de l'enfant, les familles de catégories A (Blancs) et B (métis et Asiatiques[66]) participeront aux achats de livres, aux lectures de la presse scolaire, elles suivront le déroulement du rythme scolaire et encourageront les pratiques culturelles tandis que l'enfant de la catégorie C ne bénéficiera d'aucune aide ; l'instruction de base des parents influe sur l'éducation des enfants. Par ailleurs, la famille africaine, considérée pendant la ségrégation raciale comme catégorie C, avait d'autres soucis socioculturels à considérer avant de s'intéresser à la scolarisation de l'enfant. La scolarisation d'aujourd'hui dans les pays étudiés est donc la résultante de facteurs liés aux catégories socioculturelles, qui nécessitent une correction avant que l'on puisse élaborer de nouveaux programmes de scolarisation dans la perspective d'un développement durable.

Pour affiner notre hypothèse, nous nous reporterons à de nombreuses études qui indiquent une corrélation positive entre le niveau d'instruction des parents, d'une part, et la fréquentation et les résultats scolaires de leurs enfants, d'autre part, en insistant sur le degré de corrélation. D'une manière générale, les enfants dont les parents ont au moins une instruction élémentaire (catégories A et B) ont tendance à avoir de meilleurs résultats scolaires que ceux dont les parents n'ont aucune ou presque instruction, majorité de la catégorie C au Zimbabwe et en Afrique du Sud. Nous concluons que les connaissances transmises par les parents aux enfants dans leurs études aident à élever leur niveau scolaire. Les travaux des chercheurs en sciences de l'éducation convergent pour affirmer la primauté du niveau d'instruction des parents en tant que facteur influant sur la scolarisation des enfants.

Néanmoins, il y a lieu d'apporter des précisions complémentaires. En ce qui concerne le niveau de l'éducation, le premier constat est son apport en tant que contexte propice à l'enseignement social et psychologique, entre autres. Dans la majorité des cas, il peut contribuer à la réussite de l'enfant. Nous ne pouvons donc négliger l'importance de l'évolution sociale en elle-même car elle est la base et le moteur de l'évolution de l'éducation. Il s'agira donc d'identifier les problèmes de scolarisation et de réussite des filles et garçons, mais aussi de savoir de

---

[66] Catégorie A = les Blancs. B = les métis et les Asiatiques dans l'ancienne Rhodésie du Sud et en Afrique du Sud.

quelles catégories socioculturelles sont issues les élites africaines d'aujourd'hui.

a) Les inégalités de chances de réussite selon le type d'école fréquentée

Les inégalités de chances de réussite scolaire peuvent être étudiées de plusieurs façons. L'une des manières de les analyser serait d'étudier la catégorie d'école où va l'enfant et ses résultats scolaires.

TABLEAU N° 4 – TYPES D'ÉCOLE ET AUTORITÉS RESPONSABLES

Type d'école	Autorité responsable	Financement	Qualité d'enseignement
Gouvernement	Gouvernement	Parents et gouvernement	Bonne
Rural District Council ou Urban District Council[67]	Rural District Council Urban District Council	RDC, UDC, parents, contribution du gouvernement, ONG	Mauvaise ou moyenne
Mission ou religion	religieuse	Autorité religieuse, parents, contribution du gouvernement, ONG	Bonne à très bonne
Mines/fermes	mines/fermes	Mines/fermes, parents, contribution du gouvernement, ONG	Mines : moyenne Fermes : mauvaise
Écoles privées-fondations	Administrateurs des fondations	Frais de scolarité, contributions privées, contribution gouvernementale	Très bonne

Source : *Financing Secondary Education in Developing Countries*[68], p. 71.

Nous constatons que les inégalités de chances de réussite scolaire qui continuent à exister découlent aussi du contexte historique : l'origine des écoles dépend de la maquette historique qui existait avant l'indépendance du Zimbabwe.

[67] Autorités éducatives à la campagne ou en ville.

[68] Lewine Keith et Caillods Françoise, *Financing Secondary Education in Developing Countries*, Unesco Publishing, Paris, 2001 ; traduit par nous.

b) Le Zimbabwe comme pays étudié pour illustrer les inégalités de chances

TABLEAU N° 5 – TAUX DE RÉUSSITE EN SECONDAIRE SELON LE TYPE D'ÉCOLE

Type d'école	Pourcentage de réussite par type d'école		
Niveau	Grade 9 (4ème)	Grade 11 (2nde)	Grade 13 (terminale)
Mission/religieuse	84	75	84
District Council	40	33	12
Fermes	47	43	0
Gouvernement	43	38	64
Mines	46	38	0
Écoles privées « Trust »[69]	79	73	65

Source : Financing Secondary Education in Developing Countries[70], p. 73.

Les statistiques du tableau 5 nous montrent que les enfants qui fréquentent les écoles des missions ont les meilleurs résultats scolaires, suivis des enfants des écoles privées de type Trust. Pas un seul enfant des *fermes* ou des *mines* n'a franchi le niveau de grade 13, ce qui montre une prédestination des inégalités selon le lieu d'habitation, qui va de pair avec la catégorie socioprofessionnelle.

Près de vingt-cinq ans après l'indépendance du pays, les bailleurs de fonds et les planificateurs doivent encore faire un effort pour réduire des inégalités.

Ici, il ne s'agit pas de dire qu'il faut que chaque élève ait un diplôme universitaire, mais d'essayer par tous les moyens de se rapprocher le plus près possible des objectifs de Jomptien, qui stipulent « l'éducation pour tous », ce qui est un droit fondamental de l'homme et de l'enfant. Les planificateurs et les chercheurs doivent travailler en concordance pour aboutir à des résultats significatifs.

Une étude faite en Occident appliquée en Afrique australe aux projets des jeunes ayant terminé l'école montre que plus le niveau d'éducation et le statut des parents sont élevés, plus les jeunes désirent exercer des professions intellectuelles qualifiées offrant des perspectives de carrière. La « reproduction » développée par Bourdieu nous montre une attirance des jeunes pour une carrière tendant à « reproduire » le statut des parents. Cela confirme le résultat d'une étude faite en France qui montre que les enfants d'enseignants deviennent pour la majorité

---

[69] Écoles privées ou centres de formation.

[70] Lewine Keith et Caillods Françoise, *op. cit.*

des enseignants eux-mêmes, et pourtant l'enseignement est réputé être une profession à vocation.

Le dépouillement de fiches d'étudiants de la faculté de Nanterre que nous avons dirigés en SPSE[71] confirme cette constatation. Il existe une corrélation reconnue : plus le statut des parents est élevé, plus les plans d'avenir des jeunes sont orientés vers un niveau d'études élevé. De plus, les enfants de dirigeants[72] et de spécialistes[73] se font concurrence, tout en étant plus nombreux que les enfants d'employés et de paysans.

Dans son universalisme, « les inégalités de chances » montrent que les enfants issus de familles appartenant à l'élite en Afrique australe, comme partout dans le monde, obtiennent traditionnellement un niveau d'enseignement et une spécialité plus propice à la réussite sociale, comme la facilité d'avoir un poste élevé dans le gouvernement, ou le privilège de la mobilité sociale, à savoir partir en Angleterre, aux États-Unis (pour les anglophones) ou dans d'autres pays comme la France, pour poursuivre des études, par exemple. Cela va de pair avec ce qui se passe en Occident où certaines personnes arrivent à franchir la barre d'un diplôme prestigieux[74] à l'âge de 30 ans sans avoir connu de difficultés matérielles et financières.

En analysant les données d'Afrique australe, nous constatons que la réussite scolaire et sociale d'une personne serait liées à plusieurs facteurs comme : l'héritage social, le patrimoine culturel, les niveau socioculturel des parents, le niveau de scolarisation de la mère, la contribution des tantes et des oncles à la décision de scolarisation des enfants, voire la compréhension de la communauté et du clan.

Les résultats de recherches récentes montrent que les nouvelles conditions ont intensifié la différenciation sociale des jeunes. Cela est évident dans la sphère éducative, où l'influence des facteurs globaux de la réalité d'aujourd'hui de deux pays, Zimbabwe et Afrique du Sud, et les pressions de certains groupes sont visibles. En Afrique, d'une manière ou d'une autre, le système éducatif se trouve impliqué dans les processus de sélection sociale dont les effets se font sentir encore plus de nos jours à cause des problèmes économiques.

Dans ce cas précis, nous pouvons privilégier la notion d'« inégalité des chances ». La sélection commence dès le plus jeune l'âge jusqu'à l'obtention d'un métier. Les résultats en sont visibles à travers la composition des élèves quittant le secondaire, et le faible pourcentage

---

[71] SPSE : Science Psychologie, Science Education.

[72] Cadres supérieurs.

[73] Avocats, médecins, techniciens, diplomates, etc.

[74] Juge à la cour, par exemple.

atteignant l'université. Cette classification est traditionnelle tant dans la société que dans la sociologie africaine. Dans les récentes observations, les enfants de petits propriétaires, de fonctionnaires et de commerçants, de nouveaux riches noirs, sont les catégories nouvelles au Zimbabwe et en Afrique du Sud.

II. Les problèmes liés au sexe

1. Le « Gender Issue » dans la SADC

Tout d'abord, faisons un rappel de la définition de ce concept[75] pour nous permettre d'adopter une terminologie uniforme tout au long de notre exposé.
Jacques Véron[76] explique :

> « [...] le terme de « sexe » (*gender*) se réfère à des comportements acquis et que la société considère comme appropriés pour les femmes ou pour les hommes[77]. »

> « Certaines informations concernent en réalité l'inégalité des sexes (différences d'espérance de vie à la naissance, par exemple), d'autres, une inégalité socioéconomique mal définie (pourcentage de femmes dans la population active), d'autres encore ce que l'on peut considérer comme révélateur du statut des femmes, de leur autonomie[78]. »

À toutes fins utiles, nous allons définir le terme « sexe » car nous le trouvons plus général que « genre », comme le remarque J. Véron[79] :

> « Chacun sait qu'il faut différencier les *inégalités de sexe* des *inégalités de genre*. Dans un cas, *la nature* est seule impliquée, tandis que, dans l'autre, *la société* est responsable des inégalités. La mortalité infanto-juvénile des garçons est ainsi plus élevée que celle des filles : c'est une inégalité de sexe. Si, dans un pays donné, la différence est moindre qu'elle ne le serait « *naturellement* » parce que les petites filles sont moins bien traitées que les

---

[75] Oakley Ann (1972), *Sex, Gender and Society*, Londres, Temple Smith (édition révisée, 1985, Gower Publishing Company Limited).
[76] Véron Jacques, « Sexe, genre et développement : de l'analyse des données à celle des relations », *Dossiers et Recherches* n° 95, INED, Paris, 2000.
[77] Stromquist Nelly P., *Faire davantage participer les filles et les femmes à l'éducation*, Paris, Unesco, 1997.
[78] Véron Jacques, *op. cit.*
[79] *Ibid.*

petits garçons, cette *réduction de la différence* traduit une inégalité de genre. »

Gender issue est « se préoccuper de la place de la femme dans la société où l'on intervient[80] ».

Nous avons placé le mot éducation au centre de notre recherche. L'analyse des problèmes liés au traitement différent des hommes et des femmes implique la compréhension des relations entre hommes et femmes dans la société sous différents aspects : l'éducation, le travail, la santé, la rémunération, etc. L'analyse de ces obstacles conduit à une meilleure compréhension des inégalités auxquelles les femmes doivent faire face et à la définition de politiques éducatives conçues pour améliorer leur situation[81].

La base de notre étude réside dans les idéologies fondées sur l'interprétation de ces différences : il s'agit d'un ensemble plus élaboré de principes transmis de génération en génération et concernant ce que hommes et femmes sont, peuvent faire et devraient faire. Ces croyances largement diffusées se cristallisent sous forme d'identifications, de stéréotypes et d'attentes vis-à-vis des hommes et des femmes. Elles sont répandues dans tous les domaines de l'existence et sont particulièrement contraignantes au cours des premières phases de la socialisation.

Nous étudierons avec attention la place accordée aux *gender issues*, problèmes liés à l'appartenance sexuelle et à la libération de la femme, afin d'analyser la redistribution de l'argent alloué au développement par les organismes internationaux : Va-t-il à l'État ? Sous quelle forme est-il dépensé pour les femmes ? Est-il donné plutôt à des ONG ? Certains problèmes d'ordre juridique concernant le statut de la femme nécessitent une attention particulière et leur étude approfondie donnerait des éléments de réponse à certaines questions. Par exemple, dans certains pays de la SADC[82], quand une femme épouse un étranger, elle risque de perdre sa nationalité, ceci n'est pas vrai pour un homme, pourquoi ? Par ailleurs, certaines femmes n'ont toujours pas le droit d'ouvrir un compte bancaire car elles sont sous tutelle de leur mari. Le problème du *lobola*[83] n'est pas résolu. Dans certains pays étudiés, en cas de divorce, les enfants sont confiés automatiquement au mari qui ensuite les confie à

---

[80] Xenakis John J., *Fraternizing With The Enemy*, N. Y. Park Avenue Pub, 1stBooks Library, janvier 2002, 424 pages.

[81] Stromquist Nelly P., *Faire davantage participer les filles et les femmes à l'éducation*, *op. cit.*

[82] Southern Africa Development Community.

[83] La dot (l'homme la donne à la famille de sa future épouse).

ses parents, privant ainsi les enfants de l'amour maternel. Etc. Nos enquêtes auprès des autorités compétentes de la SADC nous ont aidée à élucider certains points du statut de la femme en Afrique australe.

2. STATUT DE LA FEMME EN AFRIQUE AUSTRALE DANS LE CONTEXTE DE LA SADC[84]

Dans cette partie, nous allons discuter de la place des *femmes* et des *hommes*, des *filles* et des *femmes* dans le processus d'instruction, la formation, la scolarisation et l'alphabétisation. Certaines distinctions doivent être établies entre ces femmes, une fois pour toutes, afin d'éviter des confusions éventuelles, La différence de traitement du candidat selon son appartenance sexuelle, l'illettrisme, une mauvaise base d'éducation et la non-familiarisation avec la vraie école entraînent d'autres problèmes récurrents.

Pouvons nous parler d'inégalités *des sexes* ou *des genres* ou des deux à la fois ? Souvent, l'expression « inégalité des sexes » est utilisée pour souligner que les inégalités au détriment du sexe féminin résultent de différences de pouvoir et de la condition des femmes.

> « Il est vrai que, dans bien des professions de foi, projets et programmes, le « genre » est évoqué, comme l'a été, antérieurement, l'*environnement*, parce qu'il est *politiquement correct*... et sans véritable détermination de prendre au sérieux ce qu'il suppose[85]. »

À la suite de Jacques Véron, nous confirmons que les données courantes sont d'une interprétation plus délicate qu'il n'y paraît à première vue, et ceci pour diverses raisons : elles permettent rarement de différencier les inégalités de sexe des inégalités de genre, elles sont fréquemment partielles et non comparables et, enfin, elles ne trouvent leur justification que dans des normes insuffisamment explicitées.

Nous avons évoqué dans le chapitre 1 que, dans les familles pauvres en particulier, les filles représentent un avantage économique immédiat. Nous pensons que les familles mettent les filles à l'école avec l'idée préconçue qu'elles vont devenir membre de la famille de leur mari, ce qui entraîne des décisions peu propices à leur éducation. Ces décisions sont rationnelles, mais, comme nous l'avons signalé, elles se fondent sur la logique culturelle de l'Afrique australe. Nous allons les analyser de

---

[84] Southern Africa Development Community.

[85] Locoh T. (2000), « Genre et développement : Huit communications présentées à la chaire Quetelet 2000 », *Dossiers et Recherches* n° 95, INED, Paris, 2000.

près dans les huit pays où les femmes sont considérées comme des individus subordonnés, au service de la famille pour assurer le travail domestique. Une analyse des manuels scolaires nous aidera à comprendre le fonctionnement de ce dispositif où les garçons jouent au « foot » dehors tandis que les filles font les travaux managers et les corvées et à voir s'il est lié à la discrimination sexuelle.

CHAPITRE 4

Éducation formelle et non formelle : sources et méthodologie

I. ÉDUCATION FORMELLE. DONNÉES DÉMOGRAPHIQUES ET SOCIALES SUR L'ÉVOLUTION DE L'ÉDUCATION DES FEMMES EN AFRIQUE AUSTRALE

Ici, nous présenterons les statistiques des huit pays étudiés sans rentrer dans des études approfondies de chaque pays afin simplement de donner un aperçu d'ensemble qui nous permettra de lancer notre étude comparée du Zimbabwe et de l'Afrique du Sud.

Dans cette partie, notre objectif est double :

- montrer l'évolution de l'éducation/scolarisation à tous les niveaux des pays étudiés, à travers l'évolution des inscriptions scolaires et la formation des adultes ;
- étudier des tableaux qui nous aideront à nous situer dans le temps et dans l'espace, et qui analysent la scolarisation du passé et du présent.

À la fin de notre illustration, nous proposerons des éléments de solutions possibles dans le cadre des politiques éducatives en place.

1. SOURCES DE NOS DONNÉES STATISTIQUES

Notre domaine de recherche est très vaste, il nous a imposé un recueil étendu de données provenant de diverses sources. Nous avons procédé à une classification de celles-ci ; nos statistiques proviennent des cinq sources suivantes :

- la recherche académique ;
- les agences multilatérales ;
- les agences bilatérales de la recherche et du développement ;

— les organisations non gouvernementales (ONG) ;
— les institutions gouvernementales africaines.

Pour chaque catégorie, nous avons retenu les statistiques ayant un rapport avec l'évolution éducation/instruction des femmes en Afrique australe bien qu'une mise à jour nous fasse défaut. Pour établir les projections, nous avons seulement pris en compte les données les plus récentes que nous avons pu trouver.

- Recherche académique

Recherche pour le développement durable d'éducation occidentale à des fins comparatives.

Recherche pour le développement durable d'éducation africaine ou des pays du tiers-monde.

- Agences multilatérales, à savoir celles des Nations unies telles que :
  — l'Organisation internationale du travail (International Labour Organisation, ILO) ;
  — l'Organisation des Nations unies pour l'alimentation et l'agricuture (Food and Agriculture Organization of the United Nations, FAO) ;
  — l'Organisation mondiale de la Santé (OMS, World Health Organization, WHO) ;
  — l'Institut international de recherches et de formation pour l'avancement des femmes (International Research and Training Institute for the Advancement of Women, INSTRAW) ;
  — la Commission économique pour l'Afrique (Economic Commission for Africa, ECA) ;
  — l'Institut des Nations unies pour la formation et de la recherche (United Nations Institute for Training and Research, UNITAR) ;
  — le Fonds des Nations unies pour l'enfance (Unicef) ;
  — le Programme des Nations unies pour le développement (United Nations Development Programme, UNDP) ;
  — l'Organisation des Nations unies pour l'éducation, la science et la culture (United Nations Educational, Scientific and Cultural Organisation, Unesco).
- Agences bilatérales de la recherche et du développement, incluant des organismes tels que :
  — l'Agence internationale canadienne de développement (Canadian International Development Agency, CIDA) ;
  — l'Agence américaine pour le développement international (United States Agency for International Development, USAID) ;
  — l'Agence internationale suédoise pour le développement (Swedish International Development Agency, SIDA) ;

– l'Agence internationale danoise de développement (Danish International Development Agency, DANIDA) ;
– le Centre de recherches pour la coopération avec les pays en voie de développement (Research Centre for Cooperation with Developing Countries, RCCDC, Yougoslavie) ;
– le Centre pour la recherche de développement (Centre for Development Research, CDR, Danemark).

- Organismes non gouvernementaux comme :
  – l'Église catholique et certains organismes religieux ;
  – les associations socioculturelles pour l'égalité et le droit de la femme ;
  – le Centre pour le développement de la population et autres activités (CDPA) ;
  – la Croix-Rouge (Red Cross) ;
  – le Conseil canadien pour la coopération internationale (Canadian Council for International Cooperation, CCIC) ;
  – l'Association des femmes africaines pour la recherche et le développement (the Association of African Women for Research and Development, AAWORD) ;
  – l'Association pour le développement alternatif de la femme pour une nouvelle ère (Development Alternatives with Women for a New Era, DAWN group) ;
- des organismes féminins nationaux :
  – le Maendelayo Wanawake au Kenya ;
  – le groupe d'action féminin au Zimbabwe (Women's Action Group-WAG) ;
  – le projet de recherche féminine et de documentation en Tanzanie (WRDP) ;
  – l'Association Babikar Badri pour les études féminines au Soudan ;
  – le Forum des actrices de l'éducation pour la femme (FAWE, Forum for African Women Educationalists).
- Institutions gouvernementales africaines, comme :
  – les ministères responsables du développement rural pour les femmes, ministère des Affaires sociales pour les femmes, etc. (par exemple, le ministère du Zimbabwe du Développement communautaire et des affaires féminines) ;
  – les organismes gouvernementaux, le bureau des femmes du Kenya.

Pour effectuer ce travail, nous nous sommes appuyée essentiellement sur les données fournies par l'Unesco, La Banque mondiale et les Enquêtes démographiques de la santé (EDS) ou DHS (Demographic and

Health Survey) qui sont étroitement liées aux programmes d'éducation sur le plan mondial. Dans la plupart des cas, nous avons sélectionné les dates les plus récentes que nous avons trouvées.

2. PRÉSENTATION DES STATISTIQUES DE 1910-1950 POUR L'ANALYSE HISTORIQUE

Nous allons utiliser l'Histoire comme instrument d'analyse : pour cette raison, nous avons jugé nécessaire de présenter les données de l'Unesco concernant les huit pays qui sont en relation avec la période étudiée. Théoriquement, cette méthode est certainement la plus satisfaisante car elle permet d'avoir une vue d'ensemble, permettant de faire des comparaisons globales pour l'Afrique australe. De ce fait, les tableaux 6 et 7A et B nous ont paru très utiles pour introduire notre deuxième partie, avec l'évolution des inscriptions scolaires en Afrique australe depuis 1910.

Les analyses ne s'effectuent pas sans difficultés pour les raisons suivantes : il n'y a pas de distinction entre femmes et hommes dans les inscriptions et il manque beaucoup de données pour pouvoir faire des comparaisons valables entre certains pays.

Des pays comme le Zimbabwe et la République sud-africaine représentent des cas d'espèce en raison de la ségrégation raciale qui engendre des complications paramétriques faisant obstacle aux comparaisons individuelles des pays.

Vers la fin du XIXe siècle, certains pays ont fourni des chiffres en totaux pour les inscriptions primaires et secondaires, qui sont donc confondues. Cela rend l'analyse de l'évolution au sein d'un même pays (analyse selon le sexe, le primaire ou le secondaire) très difficile.

Les chiffres du secondaire sont très faibles avant le milieu du XXe siècle, invalidant les graphiques construits à partir des chiffres du primaire et du secondaire.

Certains pays ne sont pas représentés, sans doute parce qu'ils ont été colonisés tardivement (exemples du Botswana, des Lesotho[86] et Swaziland[87]).

Malgré toutes ces difficultés, les renseignements que nous avons pu tirer de ces tableaux sont indispensables pour notre étude.

---

[86] Monarchie constitutionnelle en Afrique australe ; indépendant du Royaume-Uni depuis 1966.

[87] Monarchie sans littoral en Afrique du Sud ; membre du Commonwealth, indépendant du Royaume-Uni depuis 1968.

Tableau n° 6a – Inscriptions en primaire et secondaire de 1910 à 1949

	Malawi		Mozambique		Afrique du Sud		
	P	S	P	S	Européens P & S	Métis et Asiatiques P & S	Autochtones P & S
	◄──►					◄────►	
1910	95		–	–	163		136
1911	119		–	–	178		147
1912	133		–	–	189		159
1913	135		–	–	203		168
1914	129		–	–	202		179
1915	133		–	–	230		183
1916	132		–	–	247		192
1917	130		–	–	259		201
1918	123		–	–	283		220
1919	125		–	–	293	55	168
1920	–		–	0,1	303	55	183
1921	118		–	0,1	323	60	186
1922	137		–	0,1	331	63	189
1923	144		–	0,1	332	63	201
1924	149		–	0,1	330	64	199
1925	–		–	0,1	330	68	209
1926	179		33	0,1	331	73	217
1927	166		–	0,1	336	78	225
1928	138		–	0,2	342	83	242
1929	136		43	0,2	348	90	268
1930	136		53	0,3	354	98	284
1931	135		62	0,4	358	105	294
1932	135		57	0,4	360	108	296
1933	145		54	0,5	362	115	315
1934	169		55	0,5	365	122	325
1935	180		55	0,5	372	130	352
1936	193		55	0,5	375	141	360
1937	197		62	0,6	382	150	397
1938	229		65	0,5	387	158	431
1939	206		81	0,5	391	166	454
1940	197		93	0,5	394	175	474
1941	182		103	0,6	389	180	498
1942	174		104	–	394	186	516
1943	183		115	0,7	399	192	539
1944	316		121	0,7	404	201	568
1945			132	0,7	444	218	632
1946	214		137	0,8	450	228	676
1947	220		135	0,8	459	236	704
1948			154	0,8	470	244	749
1949	217		166	0,8	486	256	788

Source : *International Historical Statistics Africa, Asia & Oceania* 1950, 1993, 3e éd.

TABLEAU N° 6B – INSCRIPTIONS EN PRIMAIRE ET SECONDAIRE DE 1910 À 1949

	ZAMBIE	ZIMBABWE	
	P & S	EUROPÉENS & MÉTIS P & S	AUTOCHTONES P
1910	–	1,7	10
1911	–	2,2	15
1912	–	2,6	15
1913	–	2,8	16
1914	–	3,2	22
1915	–	3,3	25
1916	–	3,9	28
1917	–	4,2	38
1918	–	4,8	42
1919	–	4,8	39
1920	–	5,3	43
1921	–	5,8	52
1922	–	6,2	60
1923	–	6,6	70
1924	0,4	6,6	78
1925	0,4	6,9	87
1926	0,4	7,1	92
1927	0,5	7,5	100
1928	23	7,8	96
1929	25	8,0	96
1930	18	8,6	109
1931	19	9,2	108
1932	21	9,5	104
1933	21	9,8	104
1934	23	10	102
1935	26	10	106
1936	28	11	104
1937	33	11	–
1938	36	11	110
1939	42	12	107
1940	59	12	112
1941	71	12	114
1942	86	13	116
1943	93	13	126
1944	103	14	140
1945	117	14	164
1946	135	15	175
1947	140	16	205
1948	134	18	207
1949	143	21	225

Source : *International Historical Statistics Africa, Asia & Oceania* 1950, 1993, 3e éd.

TABLEAU N° 7A – INSCRIPTIONS EN PRIMAIRE ET SECONDAIRE DE 1950 À 1993

	MALAWI		MOZAMBIQUE		AFRIQUE DU SUD EUROPÉENS	AFRIQUE DU SUD ASIATIQUES ET MÉTIS	AFRIQUE DU SUD AUTOCHTONES
	P	S	P	S	P & S	P & S	P & S
1950	227	0,1	160	0,9	505	269	779
1951	240	0,2	174	0,9	537	280	799
1952	222	0,3	199	1,0	555	295	846
1953	239	0,5	237	1,0	576	309	888
1954	245	0,7	242	1,1	596	326	967
1955	259	0,9	294	1,2	616	340	1014
1956	263	0,9	342	1,7	630	355	–
1957	270	1,2	372	2,0	645	374	–
1958	293	1,3	420	2,3	648	388	1339
1959	288	1,8	419	2,6	676	410	1407
1960	290	2,1	416	2,8	692	433	1500
1961	332	3,1	388	3,6	705	456	1603
1962	371	3,9	[41]	6,0	719	483	1678
1963	360	6,0	[45]	7,4	730	507	1764
1964	338	8,0	358	7,8	748	539	1845
1965	286	6,5	359	8,7	764	550	1951
1966	297	8,0	469	9,5	772	571	2105
1967	334	9,3	485	13	786	588	2234
1968	334	9,6	496	18	802	619	2388
1969	333	11	527	–,	812	659	2542
1970	363	12	497	27	854	679	2737
1971	431	13	450	27	867	709	2917
1972	482	13	578	36	875	738	3080
1973	537	14	576	–	885	767	3286
1974	612	14	–	–	891	799	3486
1975	642	14	–	–	904	820	3697
1976	664	15	1277	37	922	848	3288
1977	676	15	1363	48	937	882	3469
1978	706	16	1426	67	945	927	3228
1979	780	16	1495	93	952	957	3465
1980	810	13	1387	90	956	977	3532
1981	883	19	1287	90	964	981	3698
1982	869	20	1247	93	974	990	3642
1983	847	22	1163	105	982	1004	3836
1984	899	24	1205	–	982	1024	4017
1985	943	25	1248	135	982	1033	4194
1986	1023	26	1260	140	991	1047	4404
1987	1067	27	1288	103	1000	1067	4747
1988	1203	29	1278	–	1032	1095	5037
1989	1325	30	1210	145	–	–	–
1990	1401	32	1260	148	909	1079	7675
1991	1795	–	1217	145	,905	1096	8111
1992	1895	37	1199	147	919	1102	8591
1993	2861	47	1227	–	930	1116	9033

Source : International Historical Statistics Africa, Asia & Oceania 1950. 1993, 3e éd.

TABLEAU N° 7B – INSCRIPTIONS EN PRIMAIRE ET SECONDAIRE DE 1950 À 1993

	ZAMBIE		ZIMBABWE			
			EUROPÉENS & MÉTIS		AUTOCHTONES	
	P	S	P	S	P	S
1950	143		23		233	–
1951	147		23		233	–
1952	158		34		240	–
1953	168		36		259	–
1954	187		40		270	–
1955	195		45		356	–
1956	220	3,6	47		369	1,8
1957	243	4,6	51		399	2,6
1958	256	5,4	52		433	2,8
1959	279	6,1	53		450	3,3
1960	302	7,5	53		484	4,1
1961	320	8,6	53		525	5,1
1962	344	11	33	20	560	6,0
1963	364	13	33	20	591	8,8
1964	3778	14	31	19	622	7,0
1965	410	17	31	20	639	12
1966	473	24	31	20	657	14
1967	539	34	31	21	673	16
1968	609	42	32	21	693	17
1969	661	48	33	22	709	20
1970	695	52	689		58	
1971	730	56	695		64	
1972	778	60	756		59	
1973	810	61	791		63	
1974	858	66	836		65	
1975	872	73	863		69	
1976	908	79	883		72	
1977	937	84	890		74	
1978	964	89	827		71	
1979	997	92	832		66	
1980	1042	96	1235		74	
1981	1073	99	1714		148	
1982	1122	105	1905		227	
1983	1195	115	2044		316	
1984	1267	126	2130		416	
1985	1348	132	2215		482	
1986	1378	147	2273		537	
1987	1391	151	2249		605	
1988	1426	161	2209		641	
1989	1447	–	2231		678	
1990	1461	–	2116		661	
1991	–	–	2289		711	
1992	–	–	2302		657	
1993	–	–	2376		640	

Source : *International Historical Statistics Africa, Asia & Oceania* 1950, 1993, 3e éd.

II. Analyse de l'évolution de l'éducation sur le plan historique par pays de 1910 à 1949

Afin de mieux cerner notre propos peut-être sera-t-il utile de nous référer à l'Histoire. C'est la raison pour laquelle nous aborderons, dans ce chapitre, l'histoire de l'Afrique australe. Nous avons déjà souligné, dans le premier chapitre, les manières de vivre, les institutions, les valeurs et idéologies, qui nous permettront de dégager certaines spécificités de l'éducation des femmes telle qu'elle apparaît en Afrique australe du XIXe au XXIe siècle. Il s'agira également de savoir en quoi cette éducation de la femme est aussi, peut-être, un héritage du colonialisme et de la fragmentation des cultures. Et, enfin, si elle n'est pas le résultat d'un changement social accéléré entre le XIXe et le XXe siècle.

L'évolution de l'éducation formelle est étudiée sur le plan historique entre 1910 et 1950, nous montrant l'état de l'éducation pour l'ensemble de la population (hommes et femmes) sur la période donnée. Nous n'allons étudier que les pays pour lesquels nous disposons de données fiables (hormis le Botswana, qui manque de données). Le Swaziland et le Lesotho étant à l'intérieur de l'Afrique du Sud et ayant la même évolution que cette dernière seront étudiés globalement avec l'Afrique du Sud, sauf pour la partie Apartheid. Cette étude nous permettra de tirer les conclusions sur l'évolution de l'éducation en Afrique australe mais surtout sur celle de l'éducation de la femme.

1. Malawi

Graphique n° 1 – Malawi : évolution des inscriptions en primaire et secondaire de 1910 à 1949

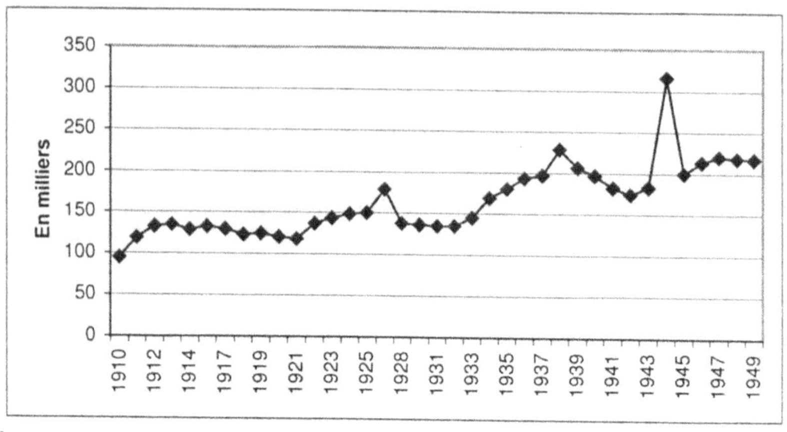

Source : auteur.

La scolarisation à l'époque des missionnaires et des colonisateurs

Les missionnaires et les colonisateurs sont arrivés au Malawi à peu près au même moment (vers 1891) ; le futur « Malawi » fut alors dénommé Nyasaland, en 1907. Enclavé et dépourvu de richesses minières, ce pays n'intéressait pas beaucoup les Britanniques. La scolarisation était destinée à la christianisation des indigènes, en commençant par les enfants des chefs tribaux. L'évolution de la scolarisation est plutôt stable à cause des migrations vers les mines de la Rhodésie (le Zimbabwe actuel) et d'Afrique du Sud dans toute la première moitié du siècle dernier.

La scolarisation a pourtant augmenté pendant la deuxième guerre mondiale, mais pour une durée assez brève, deux ans plus tard, elle chute pour reprendre son courant lent et progressif. Nous pensons que cette hausse significative est due à la scolarisation de masse des indigènes afin qu'ils puissent lire quelques notices relatives à la guerre (par exemple, celle du maniement des fusils ou les instructions militaires, tourner à droite, à gauche, etc.).

Compte tenu des difficultés économiques et sociales qui imposent des restrictions budgétaires à la scolarisation, le Malawi ne réussit toujours pas à égaliser son système d'éducation nationale avec celui des pays voisins, en dépit des réformes introduites en 1994 par le FMI. Avec, 60 % des Malawiens vivant en dessous du seuil de pauvreté, l'éducation vient en troisième position après les problèmes de la famine et les soins du Sida.

L'allure régulièrement ascendante de la courbe de scolarisation au Malawi est due au fait qu'il a connu une politique plutôt paisible contrairement aux pays voisins. L'ancien président du Malawi, le docteur Hastings Kamuzu Banda, a toujours encouragé la scolarisation, mais les fonds pour concrétiser ses projets lui faisaient défaut. Il a dû quitter le pouvoir, après trente ans de règne, à l'issue de l'élection présidentielle de 1994.

Même s'il est engagé dans un plan d'ajustement structurel placé sous la surveillance du FMI et de la Banque mondiale, le Malawi n'est pas parvenu à améliorer la situation de ses finances, ce qui entraîne la limitation du budget de l'éducation. Bien que le Malawi ait compté sur les revenus provenant des transferts de fonds des travailleurs émigrés, cela n'a pas suffi pour améliorer l'éducation et la formation en général. Les institutions de Bretton Woods, ont subordonné leur appui à une meilleure gestion des finances de la part du gouvernement. L'Union européenne, elle, a suspendu son aide en 1998, ce qui aggrave la situation actuelle. Comme nous l'avons constaté, les statistiques de la situation éducative actuelle révèlent une croissance de l'inscription scolaire, surtout en primaire, ce qui est positif, mais la situation de la scolarisation en elle-même n'est pas en meilleure situation. Nous reviendrons plus en détail sur ce problème.

2. MOZAMBIQUE

GRAPHIQUE N° 2 – MOZAMBIQUE : ÉVOLUTION DES INSCRIPTIONS EN PRIMAIRE DE 1928 À 1949

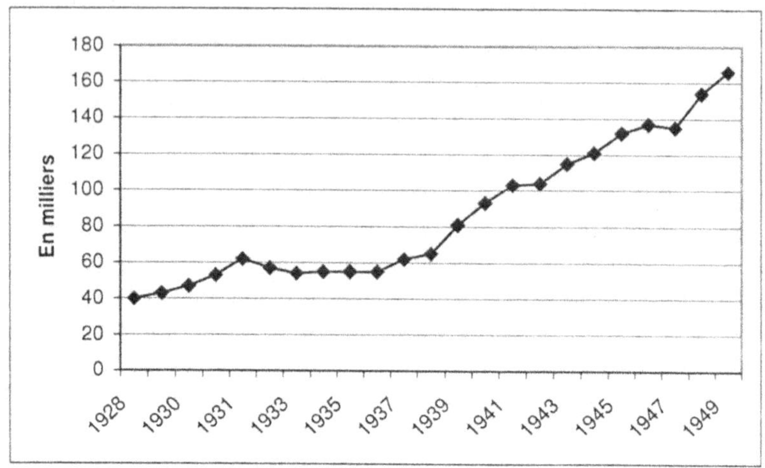

Source : auteur.

Mozambique et domination portugaise

L'éducation au Mozambique commence après la colonisation, beaucoup plus tard. Vasco de Gama débarqua à Lourenço Marques en 1498, et les Portugais se sont installés à Sofala en 1525, mais ils ne contrôlaient pas vraiment le pays. Les succursales (*prazos*) qu'ils possédaient au XVIIe siècle dans la vallée du Zambèze devinrent des royaumes esclavagistes. Les tribus guerrières « ngonis », venues de l'Afrique du Sud dans la première moitié du XIXe siècle, ont renforcé la puissance militaire des chefferies. Il y eut de nombreuses et longues guerres, tirant profit des oppositions entre Africains pour contrôler le territoire. Contrairement aux Anglais et aux Hollandais, les Portugais ont tout de suite contracté des mariages interraciaux avec les autochtones, ce qui a pu favoriser la scolarisation.

Nous constatons que la courbe de la scolarisation est constante de 1925 à 1935 ; elle augmente ensuite pour atteindre 160 000 en 1949. Les première et deuxième guerres mondiales ne semblent pas avoir eu d'effets significatifs sur la scolarisation. Nous pensons que cette croissance de la scolarisation dans tout le pays est liée aux trois « compagnies à charte » suivantes :

— à l'extrême nord, la Compagnie du Nyassa, qui assurait surtout le trafic fluvial et maritime pour d'autres colonies portugaises ;
— la Compagnie du Zambèze, qui contrôlait de vastes plantations de cocotiers et cultivait le sucre dans le delta du fleuve ;
— la Compagnie du Mozambique, qui construisit le chemin de fer entre la Rhodésie du Sud (le Zimbabwe) et Beira.

Au sud de la rivière Save, on trouvait l'aire d'influence du Rand sud-africain (diamants). Les échanges avec le royaume de Monomutatapa concernaient surtout l'argent (minéral) et l'or, ainsi qu'en pays « thonga », où il y avait d'importantes rentrées d'or. Par un accord de 1928, Lourenço Marques assurait 47,5 % du trafic maritime du Transvaal. D'importantes migrations d'autochtones ont favorisé la croissance de la scolarisation afin de pouvoir lire la Bible et comprendre quelques petites instructions en portugais.

Quand Salazar[88] dirigeait le régime portugais en 1932, l'éducation dans les colonies n'était pas une priorité. Le niveau bas de l'instruction et de l'éducation était le facteur principal de l'oppression du peuple. En 1955, les deux tiers des Portugais envoyés au Mozambique ne savaient ni lire ni écrire. Ils ne pouvaient donc pas alphabétiser les populations autochtones, qui étaient illettrées à 90 % au moment de l'indépendance. Cependant, le travail obligatoire, *chibharo*[89], et la main-d'œuvre saisonnière dans d'autres pays africains avaient servi la cause des mouvement de libération et la révolte.

Le Mozambique a connu une longue guerre de libération – menée essentiellement par les deux fronts antagonistes Frelimo (Frente de libertacao de Mocambique) et Renamo (Resistencia mocambicana national) – qui a fortement perturbé la scolarisation à cause des déplacements de la population. La guerre pour la décolonisation a éclaté en septembre 1964, avec une incursion sur une base militaire dans le nord du Mozambique. Dans les années soixante, la décolonisation de l'Afrique par les Anglais et les Français a été observée par le Portugal avec scepticisme ; le Portugal maintenait que ses colonies africaines faisaient partie du Portugal. Pour éviter le bouleversement dans les colonies africaines, Salazar a établi une police spéciale en 1956, la PIDE (la police de sécurité d'État). Elle a gardé le peuple sous surveillance constante. Avec la PIDE sont venus des équipements navals nouveaux pour construire et améliorer des routes militaires. L'éducation était mise

[88] Homme d'État portugais, fondateur de l'*Estado Novo* (« Nouvel État »), le régime colonial se durcit considérablement pendant son régime totalitaire.

[89] Une sorte d'esclavage interne (*forced labor*) dans l'Afrique australe entière, excepté les protectorats (Botswana, Swaziland, Lesotho).

à l'écart, la croissance observée sur le graphique 2 est due à la progression démographique et non à la valorisation de l'éducation.

La guerre entre le gouvernement mozambicain et le mouvement de résistance Renamo continue à ce jour : le Renamo est représenté au parlement et non pas au gouvernement. En 1985, 42 % du budget étaient consacrés à la guerre, ce qui entrave le développement de l'éducation et surtout celle des femmes.

3. Afrique du Sud

Graphique n° 3 – Afrique du Sud : évolution de la scolarisation des Européens de 1910 à 1949

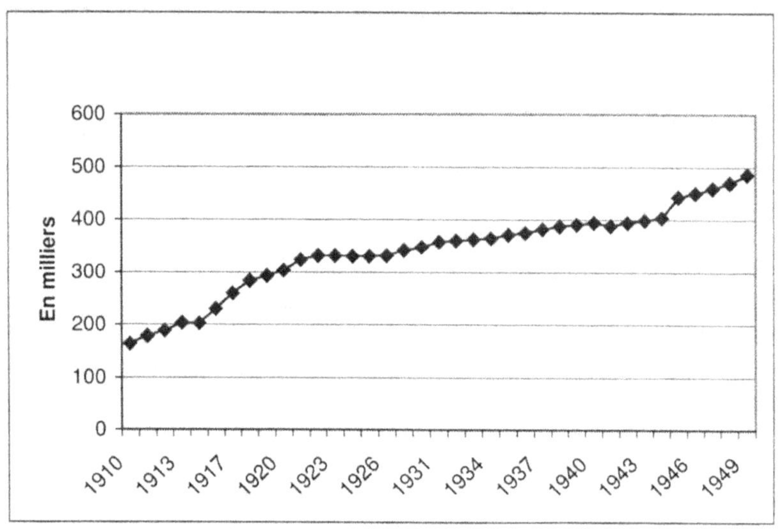

Source : auteur.

GRAPHIQUE N° 4 – AFRIQUE DU SUD : ÉVOLUTION DE LA SCOLARISATION DES MÉTIS ET ASIATIQUES DE 1910 À 1949

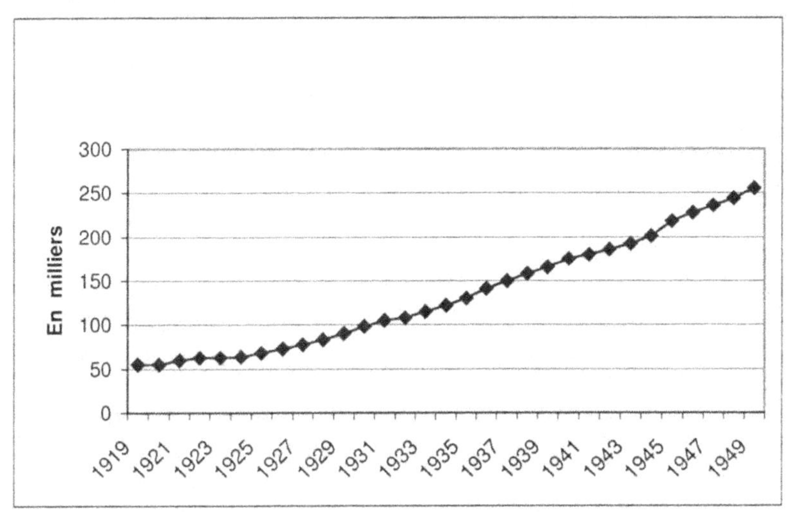

Source : auteur.

GRAPHIQUE N° 5 – AFRIQUE DU SUD : ÉVOLUTION DE LA SCOLARISATION DES AUTOCHTONES DE 1910 À 1949

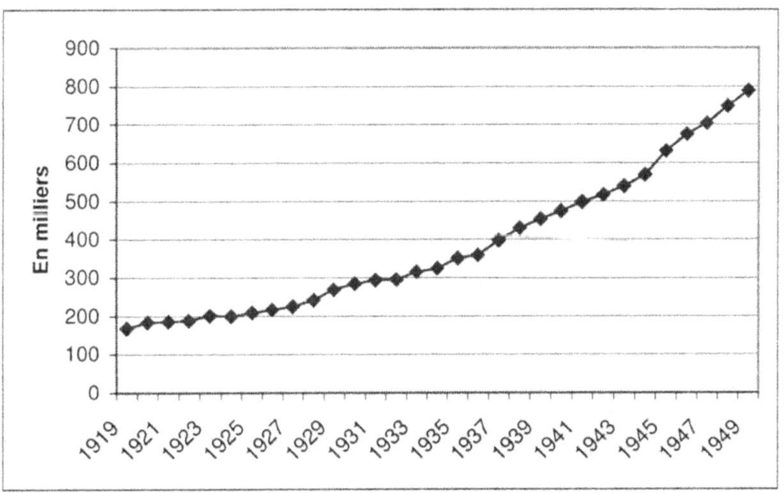

Source : auteur.

L'évolution de l'éducation en Afrique du Sud nécessite la compréhension de l'histoire de ce pays qui a subi l'Apartheid[90].

Nous avons eu recours à trois courbes (autochtones, métis/Asiatiques et Blancs) pour décrire l'évolution de l'éducation en Afrique du Sud au lieu d'une seule pour les autres pays, qui n'ont pas connu l'Apartheid. L'uniformité existant au niveau des trois courbes de l'Afrique du Sud réside dans la progression croissante du nombre d'inscriptions annuelles, mais cette progression masque un pourcentage de scolarisation très différent selon les catégories raciales.

La première école au Cap[91] date de la seconde moitié du XVIIe siècle. Elle était réservée aux esclaves, en majorité des adultes[92].

En 1658, la première école a ouvert, avec 11 élèves africains et 9 Blancs (pour la plupart, des fils de missionnaires). Une deuxième école fut ouverte en 1663 et accueillit 12 élèves blancs, 4 esclaves et 1 Khoi[93]. À cette époque, les enfants blancs de la classe moyenne suivaient les cours avec les enfants noirs et les fils d'esclaves. Les professeurs, des parents dans la majorité de cas, tentaient de devenir les leaders de communautés locales chrétiennes. La scolarisation en Afrique du Sud existe depuis trois siècles et demi, et, à l'époque, il n'y avait pas de racisme au sens de l'Apartheid : les enfants de toutes les couleurs, même les esclaves, allaient dans une même école. Les choses vont changer avec la politique de la colonisation.

Impact du régime d'Apartheid sur l'évolution de l'éducation : exemple de la région du Cap

L'éducation en Afrique du Sud est devenue une forme de statut, formant de futurs diplômés, distinguant ainsi les personnes instruites de la masse du peuple. Très souvent, les personnes instruites refusaient de soutenir leurs chefs dans les guerres et les conflits qui éclataient. Les familles instruites créaient des liens d'amitié et de mariage avec des gens d'un niveau d'instruction équivalent. Les autochtones ont toujours attaché beaucoup d'importance à l'instruction de leurs enfants en

---

[90] Définition politique : l'Apartheid est la ségrégation et la discrimination politique et économique contre les groupes non européens en République sud-africaine.

[91] Christie Pam, *op. cit.*, p. 33.

[92] « What about education for black people ? In fact, the first school in the Cape was for slaves who were mostly adults. On 17 April 1658, Van Riebeeck, Governor of the Cape, wrote in his diary : "Began holding school for the young slaves. To stimulate the slaves to attention while at school, and to induce them to learn the Christian prayers, they were promised each a glass of brandy and two inches of tobacco, when they finish their task" (Horrell, 1970, 3, adapted) », *idem*, p. 32.

[93] *Idem*, p. 33.

essayant d'envoyer au moins un enfant par famille en internat pour des études supérieures, les autres enfants aidant financièrement si nécessaire. Ce genre de solidarité familiale persiste jusqu'à nos jours.

En 1851, des fonds ont été mis en place pour le « développement des indigènes ». Le gouverneur, Sir George Grey, croyait fortement à l'éducation et il a planifié des missions subsidiaires dans le but de former les jeunes Bantous à des professions industrielles et les faire entrer comme évangélisateurs dans leur propre population. Depuis le début du XIXe siècle, les subventions pour certaines des missions scolaires ont augmenté progressivement ainsi que les effectifs, et un état d'inspection a été établi. Le programme d'enseignement était le même pour tous mais le budget était variable. Un très large nombre d'Européens et d'indigènes travaillaient ensemble. Tout était fait pour rendre l'éducation accessible aux Africains ; par exemple, dans une école connue sous le nom de Lovedale, le gouverneur Grey a accordé l'installation du département de formation industrielle et agricole pour tous. Dans cette même école, une section d'imprimerie et de reliure a été créée, dans laquelle des Bibles, des livres et des journaux en langue africaines et anglaises ont été édités en grand nombre.

À ce moment, les étudiants noirs et blancs de Lovedale vivaient dans le même bâtiment mais ils dormaient dans des dortoirs différents et mangeaient une nourriture différente à des tables différentes. Nous pensons qu'à cette époque il ne s'agissait pas d'une ségrégation à proprement parler mais plutôt de raisons pratiques.

Les écoles du Cap étaient ouvertes aux garçons et aux filles. Lovedale en ce temps formait non seulement des hommes mais aussi des femmes africaines. Les statistiques que nous possédons ne nous renseignent pas suffisamment sur la division sexuelle de l'éducation pour pouvoir en tirer une conclusion sur l'éducation des femmes d'alors.

À la fin du XVIIe siècle, la majorité des inscrits à Lovedale étaient métissés, et, vers 1920, c'est devenu une institution uniquement pour les métis. Ce n'est qu'après 1960 que, de nouveau, de la place a été faite, spécialement pour les fils de chef, qui occupent des places privilégiées par rapport au reste de la population. L'acte d'éducation du Cap datant de 1865 procurait de l'aide financière à l'État pour trois types d'école : *publique*, *missionnaire* et *autochtone*, même si, dans les écoles de missionnaires, ouvertes à toutes les races, les subventions ne pouvaient être utilisées que pour les professeurs salariés.

Jusqu'en 1921, il n'y avait pas de différence sensible entre les formes d'enseignement dispensé aux enfants métissés et aux enfants européens dans l'école missionnaires. Mais, par l'acte d'éducation de 1905, le Cap a mis en place une ségrégation dans des écoles publiques. La raison qui a été donnée était de protéger « les jeunes filles blanches des garçons noirs ».

Le directeur général de l'éducation du Cap a observé en 1889 que « le premier devoir du gouvernement était de reconnaître la position des colons européens comme ayant une influence sociale et politique supérieure et de protéger les fils et filles des colons » (Troup Freda, 1976)[94].

Par ailleurs, le super-intendant général de l'éducation, en 1902, écrit : « Les enfants blancs, particulièrement les filles, ne devraient pas entrer chaque jour en contact avec des garçons de couleurs[95] » (Troup Freda, 1976).

La ségrégation dans les écoles du Cap était alors bien en marche.

Les conflits raciaux au sujet de la scolarisation se sont accélérés au cours de la deuxième guerre mondiale. Contrairement à ses voisins, l'Afrique du Sud a subi l'impact de la deuxième guerre mondiale, c'est-à-dire que, pendant cette période, le financement de l'éducation était moindre. Lorsqu'en 1945 le financement de l'éducation africaine fut octroyé sur de nouvelles bases (la guerre touchait à sa fin), l'administration rencontra de sérieux problèmes intérieurs. Les travailleurs noirs et blancs avaient fui les zones rurales pour les villes, il n'y eut pas là de constructions, et l'aménagement fut restreint, surtout pour les populations noires. Les bidonvilles se sont multipliés autour des villes. En raison de la ségrégation, les industriels ont été réduits à accepter les travailleurs noirs afin de combler le déficit de Blancs. Aucune provision de droit n'a été mise en place pour absorber le retour des anciens personnels de service. Vu le surpeuplement, le mécontentement alla croissant, ainsi que les émeutes.

---

[94] Troup Freda, *Forbidden Pastures : Education under Apartheid*, Londres, International Defence and Aid Fund, 1976.

[95] *Idem*.

TABLEAU N° 8 – RATIO ÉLÈVES-ENSEIGNANTS EN AFRIQUE DU SUD PENDANT L'APARTHEID

	Noirs[96]	Blancs
Population	19 millions	4,5 millions
Allocation de la terre	13	87
Partage des ressources nationales	Inférieur à 20 %	75 %
Ratio, salaire moyen	1	14
Médecin/nombre d'habitants	1/44 000	1/400
Taux de mortalité infantile	20 % urbaine 40 % rurale	2,7 % totale
Dépense annuelle par élève	56 $US	696 $US
Ratio élèves/enseignants	1/60	1/22

Source : Troup Freda, *Forbidden Pastures : Education under Apartheid*, Londres, International Defence and Aid Fund, 1976.

Le Land Act de 1913 limitait à 13 % du pays les régions où les Noirs pouvaient acquérir des terres, des « réserves » étant définies pour chaque « tribu » ou « nation ». Au nord résidaient les Tswana et, à l'est, les Zoulou et les Xhosa. Les Asiatiques et les métis ont aussi perdu une partie de leurs avantages à cause de cet acte.

Le Parti national (National Front), arrivé au pouvoir en 1948, entreprit de systématiser la politique d'Apartheid, le « développement séparé » des institutions, y compris le système de l'Éducation nationale, en place depuis 1839.

Le Group Areas Act de 1950 visait notamment l'élimination des « taches noires » résultant des achats opérés par les Noirs avant 1913. Les Noirs ont alors été expulsés des « terres blanches », pour favoriser une modernisation de l'agriculture à l'européenne : entre 1960 et 1983, environ 2 600 000 Noirs furent chassés de leurs territoires, devenus terres « blanches », et renvoyés dans les réserves où le Bantu Self-Government Act de 1959, en organisant un système d'administration autonome des réserves, préparait l'institution des Bantoustans. Pour passer des terres dites « noires » aux terres dites « blanches » il fallait

---

[96] Une personne ne pouvait pas être considérée comme blanche si un de ses parents n'était pas blanc. Ici, les Asiatiques et les métis sont comptés parmi les Noirs.

aux seuls Noirs le pass ou Stupa[97], passeport intérieur imposé aux Noirs dès 1923, qui permettait le contrôle des migrations internes. La ségrégation raciale fut systématisée dans les quartiers, au prix de multiples destructions, expulsions arbitraires, parallèlement à la concentration dans les *townships* des populations noires.

Cette ségrégation raciale dans l'habitat allait de pair avec la ségrégation dans l'éducation des budgets, d'où les différences dans la qualité de l'enseignement.

La preuve est apportée par le budget consacré à chaque élève. En effet, jusqu'en 1945, le gouvernement ne dépensait que 3,17 £[98] par an pour un enfant autochtone scolarisé, alors que, pour les métis et les Asiatiques, le chiffre était de 10,16 £, environ trois fois plus, et, pour les Blancs, de 38,50 £, c'est-à-dire dix fois plus. Le budget affecté à l'élève noir est voisin de 10 % de celui de l'élève blanc jusqu'en 1993. Ce pourcentage à lui seul donne une indication objective de la discrimination raciale.

La Constitution de 1993 garantit à chaque individu le droit d'être instruit dans la langue officielle de son choix, là où cela est possible. Cependant, il existe encore divers types d'établissements d'enseignement[99] : écoles publiques, écoles indépendantes, écoles d'enseignement spécialisé, collèges techniques, écoles de formation des maîtres et établissements d'études supérieures (instituts techniques et universités) dont le système de financement reproduit le schéma antérieur à 1993 grâce aux fonds privés.

---

[97] Il s'appelle « Chitupa » en Shona du Zimbabwe.

[98] 10 £ de l'époque valaient environ 15 euros d'aujourd'hui.

[99] Karlsson Jenni, colloque à l'Institut international de planification de l'éducation (IIPE), lundi 8 décembre 2003.

4. ZAMBIE

GRAPHIQUE N° 6 – ÉVOLUTION DES INSCRIPTIONS EN PRIMAIRE DE 1924 À 1948

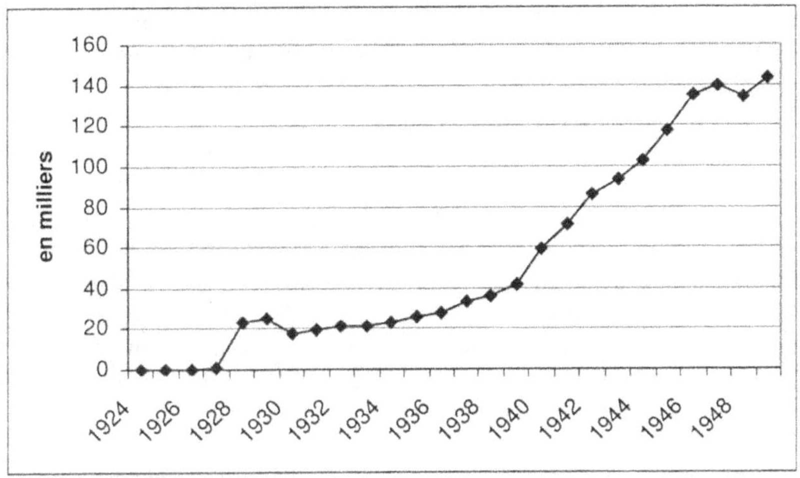

Source : auteur.

L'histoire de l'éducation formelle de la Zambie est semblable à celle du Zimbabwe, la Zambie ayant fait partie du Zimbabwe jusqu'en 1964. Politiquement parlant, il n'y avait pas de différence entre les politiques éducatives de la Rhodésie du Nord (La Zambie) et du Sud (le Zimbabwe). L'allure du graphique 6 nous montre une régularité de croissance depuis 1928 jusqu'en 1940 puis une croissance qui monte en flèche de 1940 à 1948. La raison en est qu'il y a eu beaucoup de migrations britanniques et d'autres nations. Les migrants ont été attirés en Zambie par les mines de cuivre (Copper Belt).

Avec la Rhodésie du Sud et le Nyasaland, la Rhodésie du Nord a été intégrée en 1953 dans la Fédération d'Afrique australe[100], dominée par les Blancs et la Rhodésie du Sud. La Zambie a pu profiter des aides des Nations unies aux réfugiés pour développer son système éducatif et celui des réfugiés, lorsqu'elle a participé activement à la « ligne de front » contre les régimes de l'Apartheid. Elle servait de refuge aux guérillas de Rhodésie du Sud, la Zanu et la Zapu (Front national), d'Angola et de Namibie et subissait des représailles. Pays enclavé, elle connaissait de gros problèmes de transport, ne pouvant plus utiliser les débouchés ferroviaires mozambicains, angolais et sud-africains. L'éducation en a souffert énormément ; le budget diminua quand le gouvernement mit en place une opération de modernisation agricole, conduite par des organismes semi-publics, incluant un prix d'achat garanti pour le maïs et de fortes subventions pour la farine qui en est tirée (la farine de maïs constitue la nourriture de base du Zambien). Avec la chute du prix du cuivre, la situation s'est aggravée en 1994. La démographie était galopante, la scolarisation continuait à augmenter et la dette extérieure correspondait à 212,5 % du PNB). La croissance démographique rapide était donc le résultat de l'inscription éducative massive plutôt que des politiques éducatives. La libéralisation économique imposée par les organismes internationaux, notamment la fin des subventions sur la farine de maïs, et le Sida foudroyant ont contribué à la dégradation de la situation sociale et éducative.

---

[100] La fédération de la Rhodésie et du Nyasaland (ici, Rhodésie = Zambie et Zimbabwe ; Nyasaland = Malawi). La fédération de la Rhodésie et du Nyasaland était un territoire fédéré en Afrique centrale, créé en 1953, qui a appartenu au Royaume-Uni. La fédération était composée de la colonie autonome de la Rhodésie méridionale et des protectorats de la Rhodésie nordique et du Nyasaland. Le Royaume-Uni a accepté de dissoudre la fédération le 31 décembre 1963. En 1964, le Nyasaland est devenu la nation indépendante du Malawi, et la Rhodésie nordique a gagné l'indépendance comme la Zambie. La Rhodésie méridionale est devenue la région autonome de la Rhodésie.

5. ZIMBABWE

GRAPHIQUE N° 7 – ZIMBABWE : ÉVOLUTION DES INSCRIPTIONS DES EUROPÉENS ET MÉTIS EN PRIMAIRE DE 1910 À 1949

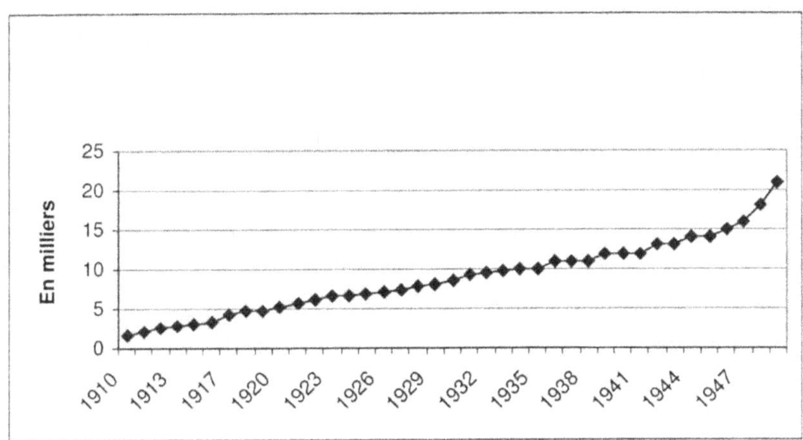

Source : auteur.

GRAPHIQUE N° 8 – ZIMBABWE : ÉVOLUTION DES INSCRIPTIONS DES AUTOCHTONES EN PRIMAIRE DE 1910 À 1949

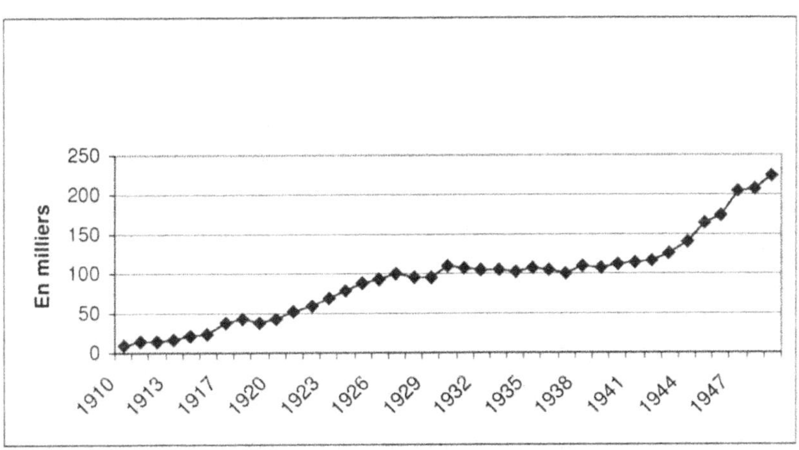

Source : auteur.

Au Zimbabwe, la ségrégation n'était pas institutionnalisée. Les écoles étaient payantes et les bonnes écoles étaient les plus chères, accessibles essentiellement aux Blancs. Les écoles de la campagne laisseraient beaucoup à désirer. Les autochtones, convaincus de l'importance de l'éducation, étaient désireux d'y envoyer leurs enfants. Les deux courbes d'inscription pour les Européens et les autochtones sont croissantes, et la comparaison des deux ne montre pas de perturbation pendant la deuxième guerre mondiale. Nous pouvons dire que la forte croissance pendant cette période est due à la formation des combattants mais nous ajouterons que la démographie était simultanément en croissance.

L'histoire éducative du Zimbabwe ressemble à la fois à celle de la Zambie et à celle de l'Afrique du Sud, du fait que l'histoire commune de la Rhodésie lie les deux pays ; d'autre part, après la *Déclaration unilatérale de l'indépendance* (UDI[101]), la situation devient identique à celle de l'Afrique du Sud, et le bilan du système éducatif, comparable à celui de l'Afrique du Sud.

Éducation au Zimbabwe pendant le régime de la Ségrégation raciale

En 1908, la Rhodésie a créé les « réserves africaines », semblables aux Bantoustans[102] et Homelands que nous avons déjà évoqués[103]. En 1911, la Rhodésie du Nord (future Zambie) se détache de ce qui deviendra la Rhodésie du Sud en 1923 (le Zimbabwe actuel). Toutefois, pour les affaires constitutionnelles et les questions relatives à la population africaine, les décisions étaient prises en dernier ressort par les Britanniques. Rappelons qu'en 1953 la Rhodésie du Sud fut réunie à la Rhodésie du Nord et au Nyasaland, formant ainsi la Fédération de

---

[101] Le gouvernement précédemment autonome de Rhodésie a exigé l'indépendance totale du Royaume-Uni en 1964, mais le Royaume-Uni a déclaré que la Rhodésie devait d'abord garantir à la majorité noire une plus grande capacité de se gouverner. Devant l'impossibilité de parvenir à un accord avec les Britanniques sur le problème de la participation des Noirs au gouvernement en cas d'accession à l'indépendance, Ian Smith, premier ministre rhodésien, proclama unilatéralement l'indépendance (11 novembre 1965). Une Constitution garantissant aux Blancs le contrôle du gouvernement fut alors adoptée.

[102] C'est le rêve d'une Afrique du Sud blanche née seize ans après le début de l'Apartheid. La séparation orchestrée ne suffit plus, il faut « partager » aussi le territoire et reléguer les Noirs (cette population représente 70 % des habitants d'Afrique du Sud) hors de leur pays d'origine, les « parquer » sans aucune infrastructure, aucune industrie, sur 13 % des terres. Mais l'Afrique du Sud a aussi besoin de main-d'œuvre, les travailleurs noirs sont alors obligés de vivre dans des *Townships* et à la lisière de chaque ville où les ghettos ont poussé.

[103] Troup Freda, *op. cit.*

Rhodésie et Nyasaland avec Salisbury (qui deviendra Harare en 1982) pour capitale.

Le système éducatif étant le même qu'au Royaume-Uni, avec une différence cependant : tous les autochtones devaient commencer les deux premières années de primaire dans leur langue maternelle puis progressivement apprendre l'anglais pour être à niveau dès la fin de la scolarité primaire. Ceux qui abandonnaient leur scolarité avant la fin du primaire pouvaient bénéficier de leur apprentissage de la lecture pour lire la Bible, à cet apprentissage de l'anglais il y avait un but religieux.

Ceux qui allaient plus loin dans les études pouvaient passer le baccalauréat anglais (Advanced Level) en Afrique, mais les examens du baccalauréat étaient corrigés à Oxford ou à Cambridge. Comme pour l'Afrique du Sud, le budget attribué à l'école est en relation avec la qualité de l'éducation. Les mauvaises écoles sont celles qui ont été abandonnées depuis leur création et qui ont maintenant du mal à redémarrer malgré les efforts gouvernementaux pour les remettre à un niveau correct.

6. Aperçu historique des Botswana, Lesotho, Swaziland

Dans l'impossibilité d'établir des graphiques dans ces trois pays (absence de données chiffrées), nous avons cependant jugé intéressant de noter un mot sur ces pays pour que le lecteur puisse avoir un aperçu historique de la totalité des pays étudiés et en visualiser les impacts sur la scolarisation.

a) Botswana

Les missionnaires protestants britanniques sont arrivés chez les Tswana en 1820. Leur but était d'enseigner la Bible aux autochtones. L'histoire de la scolarisation commence dans le but de christianiser la population en commençant par le chef Sechelé lui-même et les membres de sa famille. Ils traduisirent la Bible en tswana, développèrent l'instruction et aidèrent le chef Sechelé à obtenir la protection britannique contre l'avancée des Boers. L'Angleterre amputa le territoire tswana de sa partie sud, le Griqualand (1871), pour encercler l'État libre d'Orange. L'entente avec les Tswana a permis à la BSAC[104] de construire rapidement une ligne de chemin de fer vers le nord, contournant les républiques boers et les isolant par le fait.

---

[104] British South Africa Company. On la trouve aussi en Rhodésie avant même la colonisation par les Britanniques.

En 1965, les élections ont donné la victoire au Bechuanaland Democratic Party de Seretse Khama, héritier de la chefferie bamangwato du Botswana ayant renoncé à ses droits à la royauté pour pouvoir épouser une Anglaise, permettant l'instauration de la République du Botswana.

Depuis 1965, le système éducatif du Botswana est comparable à celui des pays anglophones du sud de l'Afrique, à l'exception près de la ségrégation raciale.

b) Lesotho

En 1966, le Basutoland a acquis son indépendance et, sous le nom de royaume du Lesotho, devint une monarchie constitutionnelle, membre du Commonwealth. Depuis, il a connu une histoire agitée, rythmée par les conflits entre les successifs premiers ministres et le souverain, et par des tensions dans ses relations avec l'Afrique du Sud, où il est géographiquement inclus et dont il dépend étroitement. En 1993, des élections libres ont amené au pouvoir le Basutoland National Party de Ntsu Mokhele, opposé aux chefs et à la royauté, mais des mutineries au sein de l'armée ont conduit à une intervention politique de l'Afrique du Sud, du Zimbabwe et du Botswana et confirmé le retour du roi Moshoeshoe III, exilé en 1990.

Depuis 1996, le système éducatif ressemble tout à fait à celui de l'Afrique du Sud l'Apartheid mise à part, qui n'a jamais existé au Lesotho.

c) Swaziland

Le peuple swazi occupait à l'origine la partie sud-est du littoral de l'Afrique australe, le long de la rivière Pongola. Au milieu du XIXe siècle, les attaques des Zoulous incitèrent le roi Mswati à solliciter la protection de la Couronne britannique. Dès 1878, de nombreux colons et prospecteurs blancs s'installèrent au Swaziland et, en 1888, les Européens reçurent le droit de s'administrer eux-mêmes. Le Swaziland fut, entre 1894 et la guerre des Boers, un protectorat du Transvaal, avant de passer sous la protection de la Couronne britannique. L'indépendance, proclamée en 1968, ne conduisit pas à la démocratie : en 1973, le roi Sobhuza II abolit la Constitution, assuma tous les pouvoirs et interdit les partis politiques. Il mourut en 1982, après soixante ans de règne, mais c'est en 1986 seulement que, après de violents conflits au sein du clan royal des Dlaminis, le prince Makhosetiwe monte sur le trône sous le nom de Mswati III. Une timide démocratisation s'ébauche depuis lors (des élections ont eu lieu en 1993), mais les partis politiques sont encore interdits, et de nombreux parlementaires sont nommés par le roi.

Le système éducatif ressemble aux autres systèmes anglophones de l'Afrique australe, toujours à l'exception de l'Apartheid, et en est encore très fortement inspiré.

III. ÉDUCATION FORMELLE : L'ENSEIGNEMENT PRIMAIRE, SECONDAIRE ET SUPÉRIEUR DES PAYS ÉTUDIÉS

« Pour apprendre les mathématiques à John, il faut d'abord connaître John », selon René Bureau[105]. Au sujet de l'éducation formelle, nous constatons qu'il y a des liens réciproques entre *l'éducation* et *la démographie*, ainsi qu'avec *l'économie* et les autres *sciences sociales*. Dans cette partie, nous ferons appel à la pluridisciplinarité des sciences pour essayer de montrer la relation qui existe entre l'éducation et les structures sociopolitiques et socioculturelles.

La modernisation du comportement démographique (fécondité,...) est inséparable du processus de modernisation global : l'urbanisation, la création d'infrastructures, l'accroissement de la mobilité, le développement du commerce, des échanges et des télécommunications... L'élévation du niveau de *l'instruction* est au centre de ce processus.

1. DÉFINITION DU DROIT À L'INSTRUCTION

Rappelons la définition du Droit à l'instruction adoptée par les Nations unies.

> « We can think of no conclusion more apt to this monograph than the Unesco declaration of the Right to learn adopted at the Paris conference on adult education[106] : Recognition of the right to learn is now more than ever a major challenge for humanity.
>
> « The right to learn is :
>
> — the right to read and write ;
> — the right to question and analyse ;
> — the right to imagine and create ;
> — the right to read one's own world and to write history ;

---

[105] Bureau René et de Saivre Denyse, *Apprentissages et cultures. Les manières d'apprendre*, Paris, Karthala, 1988, 368 p., p. 327.
[106] 4th April 1985 p. 67-68 ED/PLA/LIT.

– the right to have access to educational resources ;
– the right to develop individual and collective skills[107]. »

2. L'ÉDUCATION FÉMININE SELON LES CYCLES D'ENSEIGNEMENT

Même si les bénéfices de l'alphabétisation et de l'éducation des femmes pour les individus comme pour la société sont incontestables, les femmes représentent les deux tiers des illettrés dans le monde, et les deux tiers des enfants non scolarisés sont des filles. Selon les statistiques et l'analyse de l'Unesco, en 1994, l'écart entre filles et garçons tendait à disparaître à tous les niveaux d'éducation dans les pays *développés :* les effectifs féminins représentaient 49 % des effectifs aussi bien au niveau primaire que secondaire et 52 % au niveau supérieur. Dans les pays *en développement,* on constatait en 1994 des disparités importantes, puisque les jeunes filles représentaient 46 % des effectifs primaires, mais seulement 43 et 40 % de ceux du secondaire et du supérieur (Unesco, 1996). Ces chiffres sont optimistes car ils prennent en compte les *redoublants* et masquent les nombreux échecs correspondant aux abandons et aux élèves qui ne terminent pas un cycle.

En Afrique australe, l'écart de niveau d'alphabétisation entre hommes et femmes est important, 26 et 20 points respectivement. Les moyennes régionales permettent quelques comparaisons entre régions en développement, mais elles masquent les différences entre pays d'une même région et entre zones urbaines et rurales dans un même pays. Les filles représentent une faible fraction des effectifs scolarisés aux niveaux primaire et secondaire, et une fraction encore plus faible dans les zones rurales (Unesco, 1995). Dans tous les pays, les jeunes filles et les femmes sont généralement sous-représentées dans l'enseignement technique et professionnel, aux niveaux secondaire et post-secondaire.

Dans beaucoup de pays d'Afrique australe, les idéologies créent et perpétuent l'idée suivant laquelle hommes et femmes diffèrent considérablement du point de vue physique, psychologique et intellectuel (il est cependant intéressant de constater que l'argumentation concernant les différences de capacités intellectuelles tend à être progressivement abandonnée). Ces idées se concrétisent par deux formes de contrôle social : la division du travail selon les sexes et le contrôle de la sexualité des femmes.

[107] Kingsley Jessica, *World Trends and issues in Adult Education*, Paris, Unesco, 1988, 177 p.

Le mode dominant de division du travail, qui assigne aux femmes les tâches et les responsabilités ménagères, représente un obstacle à la scolarisation des filles, auquel les garçons ne se heurtent pas. On a besoin des filles pour les tâches ménagères : faire la cuisine, chercher de l'eau et du bois, aider aux soins des enfants plus jeunes, surtout dans les familles pauvres. Ces tâches ne sont ni les plus dangereuses, ni les plus fatigantes, mais, dans la mesure où elles sont constamment assurées tout au long de la journée et de l'année, dans un lieu confiné, elles influent sur l'idée commune concernant le rôle des femmes. De manière générale, plus le niveau des technologies utilisées pour obtenir de l'eau et du combustible est bas, plus la charge des travaux ménagers est lourde pour les femmes ; ce qui réduit leur disponibilité pour la scolarisation. Un niveau économique inférieur a une conséquence plus lourde sur la vie des femmes et des filles. Il est certain que la pauvreté à elle seule n'est pas la cause de l'inégalité de statut des femmes, mais elle tend à l'accroître étant donné la demande accrue de travail des femmes et des filles dans les familles de niveau socioéconomique inférieur.

Ayant effectué une analyse approfondie des problèmes socioculturels développés dans le premier chapitre, nous avons montré que, la conception est solidement enracinée suivant laquelle la première mission de la femme est d'être mère, facteur déterminant le niveau et le type de scolarisation considérés par les parents comme adaptés à leur situation. Les femmes elles-mêmes intériorisent ces conceptions et tendent à considérer leur scolarité comme secondaire par rapport à des fonctions liées davantage à la famille. Nous avons aussi présenté cette partie à l'Unesco[108].

Les tableaux 9A et 9B résument la situation actuelle en Afrique australe. Ils présentent les données de scolarisation de base de huit pays étudiés.

---

[108] Shongedza Ignatiana, « The Impact of Socio-Cultural Factors on Fertility Mortality and Migration in Zimbabwe », Unesco, 11-13 décembre 2000.

TABLEAU N° 9A – POURCENTAGE D'ÉLÈVES ET D'ÉTUDIANTES PAR CYCLE

PAYS	ANNÉES	PREMIER DEGRÉ[109]		ANNÉES	SECOND DEGRÉ[110]	
		TOTAL	% F		TOTAL	% F
Botswana	1990	283516	**52**	1990	61767	**53**
	1995	313693	**50**	1995	111134	**52**
	1996	318629	**50**	1996	111006	**53**
Lesotho	1990	351632	**55**	1990	48209	**60**
	1995	378011	**53**	1995	67173	–
	1996	374628	**52**	1996	68132	**59**
Malawi	90/91	1400682	**45**	1990/91	60701	–
	94/95	2860819	**47**	1994/95	108682	–
	95/96	2887107	**47**	1995/96	141911	–
Mozambique	1990	1260218	**43**	1990/91	1194377	**36**
	1994	1301833	**42**	1995/96	1412316	**38**
	1995	1415428	**42**	1996/97	1442049	**39**
Afrique du Sud	1990	6951777	**50**	1990	2742105	**54**
	1994	7971770	**49**	1994	3571395	**54**
	1995	8159430	**49**	1995	3749449	**54**
Swaziland	1990	166454	**50**	1990/91	41128	**50**
	1996	202439	**49**	1995/96	54933	**51**
	1997	205829	**49**	1996/97	57330	**50**
Zambie	1990	1461206	–	1990	189796	–
	1994	1507660	**48**	1992	197962	–
	1995	1506349	**48**	1994	199154	**38**
Zimbabwe	1990	2116414	**50**	1990	661066	**47**
	1997	2510605	–	1997	806126	–
	1998	2507098	–	1998	847296	–

F = femmes.

Source : Annuaire statistique, n° 40, 4e éd., Nations unies, 1999.

[109] Premier degré = primaire.
[110] Second degré = secondaire.

TABLEAU N° 9B – POURCENTAGE D'ÉLÈVES ET D'ÉTUDIANTES PAR CYCLE

PAYS	ANNÉES	TROISIÈME DEGRÉ[111]	
		TOTAL	% F
Botswana	1990/91	3365	**44**
	1995/96	7920	**48**
	1996/97	8850	**47**
Lesotho	1990/91	2029	**58**
	1995/96	4384	**55**
	1996/97	4614	**54**
Malawi	1990/91	4829	**26**
	1994/95	5358	**30**
	1995/96	5561	**30**
Mozambique	1992/93	4600	**26**
	1995/96	6639	**25**
	1996/97	7143	**24**
Afrique du Sud	1990	439007	**44**
	1993	552948	**46**
	1994	617897	**48**
Swaziland	1990/91	3198	**43**
	1995/96	2697	**47**
	1996/977	5658	**52**
Zambie	1980	3425	–
	1985	4680	**17**
	1990	15343	–
Zimbabwe	1990/91	49361	–
	1995/96	45593	**35**
	1996/97	46673	**36**

F = femmes.

Source : Annuaire statistique, n° 40, 4e éd., Nations unies, 1999.

À partir de ce tableau, nous allons faire plusieurs observations, en comparant les cycles primaire, secondaire et supérieur par pays :

[111] Troisième degré = supérieur.

• *Au niveau de l'enseignement primaire :* nous constatons un pourcentage féminin supérieur à 50 % pour les seuls Lesotho et Botswana, ce qui implique une sous-scolarisation féminine dans les autres pays, pour le Mozambique en particulier, avec seulement 42 % d'élèves féminines.

• *Au niveau de l'enseignement secondaire :* nous trouvons un pourcentage féminin supérieur à 50 % pour le Lesotho, l'Afrique du Sud, le Botswana, presque 50 % pour le Swaziland, nettement inférieur pour le Zimbabwe, et dramatiquement inférieur pour le Mozambique.

• *Au niveau de l'enseignement supérieur* : le Lesotho se démarque nettement, de façon positive (58-54 %), le Swaziland atteint 52 % pour l'année scolaire 1996-1997 tandis que l'Afrique du Sud et le Botswana évoluent entre 44 et 48 % et que ce pourcentage s'effondre pour le Malawi, le Mozambique et le Zimbabwe à 26 et 36 % et même à 17 % pour la Zambie.

Notre analyse des problèmes socioculturels (cf. chapitre 2) confirme cette répartition : par exemple, au Lesotho, les garçons vont travailler dans les pâturages et les mines pendant que les filles vont à l'école[112].

Comparaisons des cycles pour chaque pays : si nouis prenons les chiffres de la dernière année donnée pour chaque pays, nous constatons que le pourcentage de scolarisation féminine est le plus élevé dans le primaire pour décroître régulièrement dans le secondaire puis le supérieur, pour quatre pays : le Malawi, le Mozambique, la Zambie et le Zimbabwe. Dans le secondaire, pour trois pays : l'Afrique du Sud, le Botswana, le Lesotho. Le Lesotho se démarque fortement des sept autres pays avec des pourcentages variant de 58 à 54 % selon les années, et notamment du Mozambique (26-24 %).

Evolution de la scolarisation féminine à partir de 1990 : les pourcentages de scolarisation féminine *dans le primaire* diminuent au fil du temps dans au moins cinq pays : l'Afrique du Sud, le Botswana, le Lesotho, le Mozambique, le Swaziland, l'exception étant le Malawi, qui passe de 45 % en 1990 à 47 % en 1995/1996. *Dans le secondaire*, trois pays maintiennent leur pourcentage : l'Afrique du Sud, le Botswana, le Swaziland, tandis qu'il diminue pour le Lesotho de 60 à 59 % et augmente pour le Mozambique de 36 % en 1990 à 39 % en 1996-1997. *Dans l'enseignement supérieur*, on note une tendance à la hausse de ce pourcentage pour quatre pays : l'Afrique du Sud, le Botswana, le Malawi, le Swaziland, et une baisse pour le Lesotho et le Mozambique.

---

[112] Rapport de l'Unesco (1978), « Educational reforms and innovations in Africa », Paris, Unesco, *Experiments and innovations in education*, n° 34.

À travers ces données, nous n'avons pas fait état du retard féminin dans la scolarisation ni de la discrimination contre les femmes, bien que ce soit une réalité, au sein des familles, où y a une forte préférence pour les garçons au détriment des filles[113]. Cette observation est valable dans six pays étudiés, hormis le Botswana, le Lesotho et le Swaziland.

La baisse du nombre de filles dans le supérieur peut s'expliquer par le manque de moyens pour envoyer les filles à l'école et également pour les raisons socioculturelles que nous avons décrites plus haut, mais aussi par le mariage des filles plus précoce que celui des garçons de la même tranche d'âge.

3. Un cas particulier de l'éducation formelle chez les San

Rappelons que les Sanvivent sur trois territoires différents : « Leur espace est en effet en régression, et ils ne vivent plus que dans quelques régions reculées de Namibie, du Botswana et peut-être d'Angola[114]. » Nous avons retenu l'éducation au Botswana et en Namibie car elles seules font l'objet d'un programme gouvernemental écrit.

a) Les San du Botswana

Le gouvernement du Botswana a décidé de faire des efforts pour promouvoir l'éducation des enfants des « habitants des zones éloignées » (Remote Area Dweller, RAD), parmi lesquels les San figurent en très bonne place puisque sur les 60 000 à 100 000 personnes concernées, les San sont 50 000. Il faut dire que ces derniers cumulent les trois critères retenus pour être inscrits dans cette catégorie : vivre dans des zones à l'écart des villages, avoir un statut sociopolitique marginal, posséder un statut socioéconomique précaire (appauvrissement ou discrimination). Dès 1974, des programmes ont été mis en place afin de désenclaver physiquement, socioéconomiquement et sociopolitiquement les habitants de ces zones, par l'octroi de mannes financières importantes. Dans le domaine scolaire, le programme (RDAP) finance cinq priorités :

- *La construction d'écoles* : sur les 26 écoles construites dans ces zones en 1986, 12 l'étaient dans le cadre du RDAP, et cet effort s'est poursuivi au point que presque toutes les zones à l'écart possèdent une

---

[113] Shongedza Ignatiana, « The impact of socio-cultural factors on fertility, mortality and migration in Zimbabwe », Unesco 11-13 décembre 2000 (voir annexe).

[114] Lugan Bernard, *Histoire de l'Afrique du Sud des origines à nos jours*, Paris, Perrin-Plon, 1995.

école. Par école, il faut entendre : bâtiments scolaires, cuisines, logements des enseignants, bureaux, latrines, foyers pour les jeunes et pièces de stockage.

• *les moyens de transport* : ramassage des enfants dans les villages jusqu'à l'école. Cependant, la distance est telle qu'elle ne permet pas un ramassage quotidien, et les enfants sont obligés de se loger chez des gens proches de l'école ou d'aller dans les foyers. Le programme rémunère les enseignants, les cuisiniers et le personnel des foyers, et prend en charge les frais d'entretien des écoles et des foyers.

• *La fourniture du matériel pédagogique* afférent au programme scolaire, ainsi que les fournitures, et certains ont noté qu'ils sont souvent mieux lotis en manuels, cahiers d'exercices, crayons et autres matériels que des zones moins à l'écart ou même des villages importants.

• *La mise à disposition des véhicules du RADP ou du conseil de district*, qui délivrent la nourriture aux enfants scolarisés dans ces zones, mais aussi aux enfants de moins de cinq ans. Le personnel assure aussi l'habillement des élèves, l'uniforme notamment.

• *La formation des enseignants* et du reste du personnel. Des ateliers éducatifs san ont été par exemple organisés.

Cependant, l'impact de ces priorités sur les enfants des RAD est très faible, puisque l'échec scolaire reste toujours dramatiquement élevé. La réponse ne doit pas être uniquement financière, énoncent un certain nombre de spécialistes, qui vont même jusqu'à affirmer que l'introduction de l'argent n'a pas amélioré leur qualité de vie, bien au contraire. En effet, l'économie de subsistance de naguère possible grâce à la chasse et à la cueillette n'est pratiquement plus envisageable en Afrique australe, et les quelques chèvres et volailles autorisées autour de leur maison ne contribuent que bien insuffisamment aux besoins alimentaires de la famille. Les San deviennent alors dépendant des subsides alloués par l'État, dans le cadre du RAD ou lorsque leurs activités sont gravement touchées par la sécheresse. Un emploi dans les villages voisins ou chez des éleveurs de bétail, ou même à la ville est possible, mais les San sont handicapés par l'absence de moyens de locomotion, par leur spécificité langagière et par la discrimination sociale.

Les hommes sont pour l'essentiel rémunérés en nature (bière, sucre, huile) pour prêter main-forte aux quelques industries de l'endroit (tanneries, menuiseries, salines) ou comme gardiens de troupeau ou journaliers. Les femmes essaient d'améliorer l'ordinaire en ramassant puis en vendant de l'herbe pour les toits de chaume, des fruits en brousse, en fabriquant des colifichets et autres objets traditionnels ;

l'activité la plus lucrative restant la fermentation de boissons alcoolisées.

Cependant, la crainte d'actes de sorcellerie si l'on s'enrichit plus que les voisins n'incite pas les San à économiser, et les magasins des RAD sont quasiment vides. L'argent est donc dépensé pour l'essentiel en *alcool*, non dans les boissons alcoolisées locales dont nous venons de parler, mais dans des bières en bouteille, à la teneur en alcool importante. L'alcoolisme sévit donc chez les San, provoquant des avortements, affectant l'attention des enfants à l'école et suscitant de graves problèmes de santé.

Devant l'échec de l'intégration des San dans le système monétaire, on peut s'interroger sur le rôle d'une éducation formelle visant à l'intégration socioéconomique de ses élèves grâce à l'obtention de diplômes permettant d'accéder à une éducation professionnelle poussée laissant présager un salaire élevé. Faut-il renoncer à envoyer les Bochimans à l'école ou convient-il de rechercher d'autres modes de scolarisation ? Nous reprendrons ce questionnement, touchant l'ensemble de l'Afrique australe, dans notre troisième partie.

b) Les San de Namibie

La Namibie ne fait pas partie des huit pays de notre étude mais nous l'incluons ici car nous avons trouvé son projet éducatif intéressant ; c'est également le pays qui a le plus développé l'éducation scolaire pour les enfants san en Afrique australe.

Ce pays s'est engagé dans un type d'éducation formelle qui en est encore au stade expérimental en Afrique australe : l'apprentissage communautaire[115] mis en œuvre en Namibie face à l'échec du programme de l'Éducation pour tous[116] tel qu'il a été proposé à l'issue de la Conférence sur l'éducation qui s'est tenue à Jomtien. Il s'agit du Nyae Nyae Village Schools Project (NNVSP), une initiative privée à l'origine, où l'État namibien prend une part toujours croissante au vu des résultats obtenus. Ce programme répartit sur une zone importante cinq petites écoles primaires (grades 1-3), pour 5 % seulement des enfants scolarisés dans les structures scolaires traditionnelles. Chacune de ces cinq écoles comporte un enseignant s'occupant des petites classes[117] et un autre des grandes[118]. Provenant des alentours, les enfants

---

[115] *Community learning.*
[116] *Education for all.*
[117] *Junior teacher.*
[118] *Senior teacher.*

sont accueillis par des parents dont l'un est chargé par roulement de faire à manger pour la totalité des élèves, grâce à un programme alimentaire.

Les enseignants sont des San quelque peu scolarisés dans les structures scolaires traditionnelles, qui parlent la langue des Bochimans de la région Nyae Nyae – le ju/'hoan – et sont acceptés par leur communauté. Dans un premier temps, ces enseignants participent à un stage préparatoire qui les spécialise dans la lecture et l'écriture de leur langue maternelle et leur fournit les connaissances de base en anglais oral et en mathématiques du niveau CM2[119]. Suit une formation qui les familiarise avec le programme et le matériel pédagogique du cours préparatoire, puis une formation continue qui porte sur les niveaux CE1 et CE2.

Pour enseigner en Namibie, il faut que le futur enseignant ait le niveau seconde ou l'équivalent ainsi que le certificat professionnel[120], examen qui requiert d'être capable de disserter sur neuf sujets différents. Les futurs enseignants san se voient reconnaître des savoirs, des savoir-faire et des aptitudes qui prennent en compte l'éducation formelle et informelle ainsi que l'expérience autour de quatre pôles : la linguistique et la littérature (anglaise et langue maternelle), les mathématiques, les sciences naturelles et socioéconomiques. Ainsi la connaissance des matières suivantes est exigée :

• *l'histoire* de la Namibie, et plus particulièrement celle des Bochimans (histoire sociale) ; ex. : décrire le système de leadership chez les San, relations entre les Bochimans et les Namibiens ;
• *la géographie*, et plus spécifiquement la région de Nyae Nyae ; ex. : dessiner une carte à l'échelle indiquant l'environnement immédiat, maisons, arbres, points d'eau, routes, etc., et le trajet à suivre pour y parvenir ;
• *les sciences naturelles*, c'est-à-dire les sciences de la vie, tant pratiques que théoriques, basées sur l'écologie de la région ; ex : le climat le matin et le soir, à telle et telle époque de l'année ; description d'une plante très utile de l'Afrique australe, précisions sur son utilité ;

---

[119] Pour permettre au lecteur français de se repérer plus facilement dans les niveaux scolaires anglophones utilisés en Afrique australe, nous avons choisi d'utiliser la nomenclature française, même si nous sommes bien consciente que le programme, et donc le niveau, n'est pas le même. Ainsi, la première année (1st grade) sera appelée cours préparatoire (CP), la 2e sera dénommée cours élémentaire 1 (CE1), la 3e, CE2, la 4e, cours moyen 1 (CM1), la 5e, CM2, la 6e, sixième, la 7e, cinquième, la 8e, quatrième, la 9e, troisième, la 10e, seconde, la 11e, première et la 12e, terminale.

[120] Instructional Skills Certificate (ISC).

problèmes environnementaux provoqués par une surexploitation des ressources naturelles de la région ;

• les *mathématiques*, avec la maîtrise des quatre opérations de base et leur application dans diverses tâches de mesure, d'estimation et de calcul ; en lien avec la vie quotidienne et l'environnement immédiat ;

• la collecte de la *tradition orale* (contes, histoire orale, chants) dans la langue maternelle, retranscrite et commentée à usage didactique ;

• un portfolio de *textes écrits en anglais*, comprenant des exemples de correspondance, de rapports, de résumés, de notes, de dissertations, etc.

L'objectif affiché de cette expérience est d'accroître le taux excessivement bas des élèves et de diminuer de façon drastique le nombre très élevé d'abandons en rendant l'école attractive. En effet, comme dans la plupart des sociétés de « chasseurs-cueilleurs », la coercition est très peu employée, et l'enfant acquiert les savoirs et savoir-faire à son rythme. C'est en facilitant la transition entre le village et la famille grâce à une vie communautaire, en permettant l'apprentissage de la langue maternelle (par le biais de la littérature orale notamment) avant celui de l'anglais et en centrant la pédagogie sur l'apprenant (quelles connaissances possède-t-il déjà ? quel usage veut-il faire de ces savoirs ? quels sont son mode, son rythme d'appropriation ? etc.) que l'éducation formelle deviendra aussi attrayante que l'éducation informelle et que les élèves progresseront de façon équilibrée dans les deux cultures, tant les garçons que les filles, comme semblent le prouver les premiers résultats. Nous y reviendrons dans notre troisième partie.

3. Ratio élèves-enseignants dans le secondaire

La comparaison du ratio élèves-enseignants nous permet de mesurer *la qualité* de l'enseignement. Lorsque les effectifs dans les classes augmentent, *la qualité* diminue.

Tableau n° 10a – Ratio élèves-enseignants dans le secondaire

	Botswana	Lesotho	Malawi	Mozambique
1980	18	20	21	36
1985	**22**	20	22	32
1990	19	21	27	**42**
1991	20	19	30	38
1992	20	21	32	40
1993	20	22	19	**38**

Source : SPESSA (Profil statistique de l'éducation en Afrique subsaharienne) et PRISME (Système d'information sur les programmes et les projets en éducation), Banque mondiale, USAID et Nations unies.

Tableau n° 10b – Ratio élèves-enseignants dans le secondaire

	Afrique du Sud	Swaziland	Zambie	Zimbabwe
1980	néant	**17**	21	20
1985	26	18	21	28
1990	néant	19	23	27
1991	26	18	néant	28
1992	néant	19	néant	25
1993	néant	18	18	27

Source : SPESSA (Profil statistique de l'éducation en Afrique subsaharienne) et PRISME (Système d'information sur les programmes et les projets en éducation), Banque mondiale, USAID et Nations unies.
Néant = statistiques non fournies.

GRAPHIQUE N° 9 – RATIO ÉLÈVES-ENSEIGNANTS DANS LE SECOND DEGRÉ

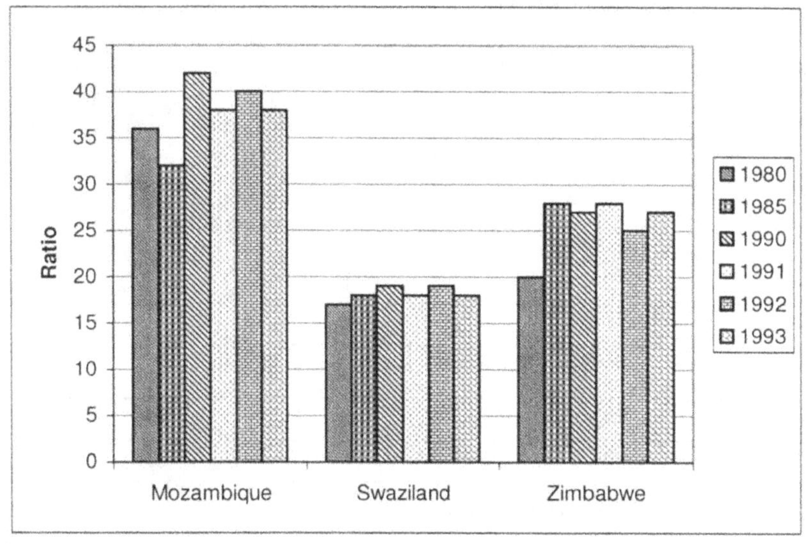

Source : auteur.

Nous avons retenu la présentation graphique du ratio élèves-enseignants pour les trois pays les plus significatifs (graphique 9). Le *Mozambique*, qui est le pays le plus pauvre parmi les trois pays choisis, nous montre un très fort ratio élèves-enseignants dû au manque de professeurs et de structures pour l'accueil des élèves (environ 45 élèves par classe en 1990). Le *Swaziland*, qui est un pays relativement petit mais enclavé en Afrique du Sud, possède au contraire les infrastructures adéquates et des enseignants qualifiés, ce qui favorise un taux de réussite supérieur en fin de cycle à celui du Mozambique (environ 18 élèves par classe en 1990). Malgré les programmes liés au racisme, le *Zimbabwe* a eu une politique de rigueur concernant le nombres d'inscrits par classe, pour garder un bon niveau de performance des enseignants (environ 26 élèves par classe en 1990)[121].

Reste une disparité importante entre la ville et la campagne dans ce système. Par manque de place pour s'inscrire en ville au Zimbabwe, les enfants sont envoyés chez leurs grands-parents à la campagne, où ils peuvent s'inscrire mais dans des conditions défavorables (écoles de catégorie C) comparées à celles de la scolarisation en ville (écoles de

[121] Comparable à la France et la Grande-Bretagne.

catégorie B). Autre solution : ils sont mis dans les internats des missions religieuses (structures privées).

4. Enseignement supérieur

Tableau n° 11a – Répartition des inscriptions au niveau universitaire par disciplines dominantes. Total hommes-femmes.

Pays	Année	Effectifs totaux H/F	Sciences de l'éducation %	Lettres %
Botswana	1997	7275	10,7	13,3
Lesotho	1997	4614	33,9	6,5
Afrique du Sud	1994	468086	20,7	12,4
Swaziland	1997	5658	20,8	8,5
Zimbabwe	1996	46673	47,4	3,9

Source : Annuaire statistique de l'Unesco, 1999.

Tableau n° 11b – Répartition des inscriptions au niveau universitaire par disciplines dominantes. Total hommes-femmes.

Pays	Année	Sciences sociales %	Sciences naturelles %	Sciences médicales %
Botswana	1997	43,8	26,7	1,2
Lesotho	1997	46,4	13,2	0
Afrique du Sud	1994	44,1	13,2	4,0
Swaziland	1997	35,2	13,2	6,6
Zimbabwe	1996	22,1	13,2	2,4

Source : Annuaire statistique de l'Unesco, 1999.

GRAPHIQUE N° 10 – RÉPARTITION DES ÉTUDIANTS PAR DISCIPLINES DOMINANTES

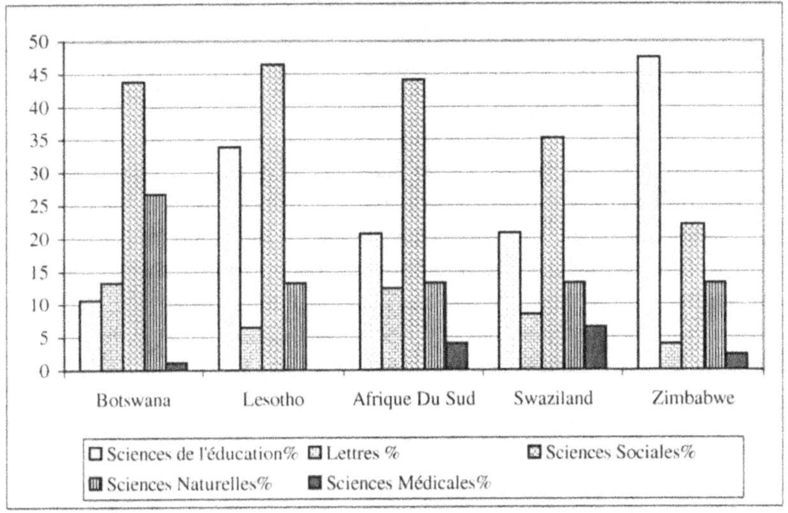

Source : auteur.

Le graphique 10 indique une différence significative au niveau du choix des disciplines par les étudiants de chaque pays représenté.

En ce qui concerne les *sciences de l'éducation*, le Zimbabwe et le Lesotho accusent les plus hauts niveaux de valorisation (47,4 % et 33,9 %) tandis que le Swaziland et l'Afrique du Sud, à quelques degrés près, montrent une égalité des valeurs (20,8 % et 20,7 %) ; et contrairement au Botswana, où il n'y en a que 10,7 %. *Les sciences sociales* s'avèrent plus homogènes : le Botswana, l'Afrique du Sud, le Lesotho et le Swaziland font état d'un niveau comparable (46,4 %, 44,1 %, 43,8 %), suivis du Swaziland (35 %) et du Zimbabwe (22 %) ; les derniers pourcentages reflétant une légère dévalorisation. *Les lettres*, discipline qui ne jouit pas d'une popularité démesurée, sont néanmoins appréciées moyennement au Botswana. Cette tendance se reproduit pour les *sciences naturelles*, où deux pays, à savoir le Zimbabwe, le Swaziland, accusent une homogénéité (13 %), contrairement au Botswana (26,7 %). De toute évidence, *les sciences médicales* sont délaissées par rapport aux autres choix dans les pays considérés : le pourcentage est de 6,6 % plus élevé au Swaziland, le plus bas étant à peine 1,2 %, au Botswana. Il n'existe même pas d'école de médecine au Lesotho.

Nous tenons à souligner l'importance de cette désaffection sur la santé publique, lourde de conséquences à court et à long termes sur la scolarisation, l'économie, la démographie…

Pourcentage de femmes dans tous les domaines de l'enseignement supérieur entre 1990 et 1995

Ici, nous nous contenterons de faire la comparaison de l'évolution des inscriptions des femmes entre 1990 et 1995 (hormis en Zambie, pour laquelle nous n'avons pratiquement pas de données). Les comparaisons entre les effectifs scolaires dans un pays donné montrent une augmentation progressive du nombre de garçons et de filles scolarisés. Cet accroissement est fondamentalement dû à la tendance naturelle des systèmes éducatifs à se développer.

GRAPHIQUE N° 11 – POURCENTAGE D'ÉTUDIANTES DANS TOUS LES DOMAINES DU SUPÉRIEUR ENTRE 1990 ET 1995

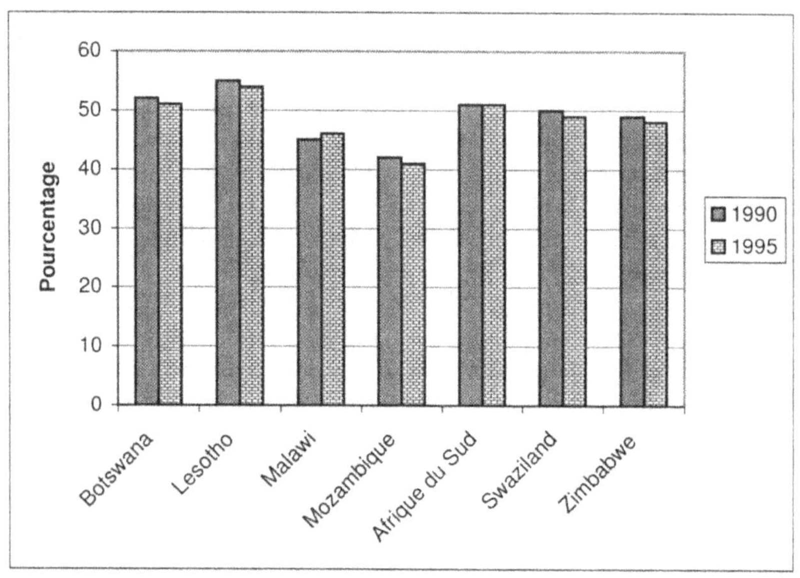

Source : auteur.

On peut considérer ce phénomène comme le résultat d'un processus cumulatif qui a commencé à l'école primaire. Les mentalités traditionnelles contemporaines concluent que, pour les filles, contrairement aux garçons à niveau égal, il n'est pas aussi important de suivre un enseignement supérieur, qui ne leur est pas facilement accessible. Les écarts en matière d'éducation entre garçons et filles sont encore plus marqués lorsque les élèves appartiennent à une catégorie socioprofessionnelle à faibles revenus. Ils sont également plus importants dans les zones rurales que dans les zones urbaines.

IV. L'ÉDUCATION NON FORMELLE

1. ALPHABÉTISATION ET FORMATION DES ADULTES

La promotion de l'éducation féminine reste un défi dans cette région. Les sujets relatifs à la scolarisation des filles, à l'alphabétisation des femmes et à l'éducation en général sont d'actualité.

Selon Gertrude Mongella[122] :

> « Si de larges progrès ont été réalisés vers l'alphabétisation universelle, les femmes adultes, surtout dans les zones rurales, continuent à pâtir aujourd'hui d'un immense retard accumulé dans le passé, ce qui les empêche de participer pleinement à la société dont elles sont membres. C'est pour cette raison que nous n'avons pas beaucoup des femmes africaines qui sont chefs d'État. Jusqu'à un certain point, les hommes africains acceptent les femmes mais, à cause des stéréotypes et des croyances sauvages, les femmes sont mises à l'écart. »

TABLEAU N° 12 – ALPHABÉTISATION DE LA POPULATION ADULTE

Pays	Année	Hommes de plus de 25 ans (Total)	Femmes de plus de 25 ans (Total)	Femmes non scolarisées (%)
Botswana	1993	257059	311706	39,8 %
Afrique du Sud	1995	10681000	22100000	15,1 %
Swaziland	1986	121659	100013	38,0 %
Zimbabwe	1992	1643831	1801364	29,2 %

Source : Annuaire statistique de l'Unesco, 1999.

Les crises économiques dans l'Afrique australe entière, à l'exception de l'Afrique du Sud, les troubles civils au Mozambique, l'instabilité politique en Zambie, la sécheresse au Zimbabwe, suivie par le départ du Zimbabwe du Commonwealth, le VIH/Sida en général dans ce pays, la

122 Mongella Gertrude (ambassadeur, secrétaire général de la Quatrième conférence mondiale sur les femmes à Pékin, 1995), Quatrième conférence mondiale sur les femmes, Pékin, Chine, 4-15 septembre 1995.

pauvreté contagieuse et les fortes pressions démographiques persistantes ont causé la stagnation des inscriptions et une baisse de qualité des systèmes d'enseignement.

TABLEAU N° 13A – ÉVOLUTION DU TAUX D'ANALPHABÉTISME DE LA POPULATION ÂGÉE DE 15 ANS ET PLUS, DANS TROIS PAYS, ENTRE 1980 ET 2000

Pays	Année	Population âgée de 15 ans et plus					
		Taux d'analphabétisme (%)			Population analphabète (milliers)		
		HF	H	F	HF	H	F
Botswana	1980	42,3	44,4	40,7	198	94	104
	1985	36,6	38,6	34,8	207	101	105
	1990	31,8	34,2	29,6	221	112	108
	1995	27,3	30,0	24,9	227	118	108
	2000	22,8	25,6	20,2	213	115	98
Malawi	1980	55,5	36,3	72,7	1802	559	1243
	1985	51,8	33,7	68,2	1987	616	1370
	1990	48,1	31,2	63,7	2 369	735	1634
	1995	44,0	28,3	58,7	2 246	699	1 546
	2000	39,7	25,5	53,3	2 296	718	1 577
Mozambique	1980	72,4	56,1	87,9	4 955	1867	3 088
	1985	71,1	55,9	85,5	5 426	2 078	3 347
	1990	66,5	50,6	81,7	5 267	1 954	3 313
	1995	61,7	45,4	77,1	5 922	2 127	3 794
	2000	56,2	40,1	71,6	6 101	2 126	3 974

Source : International historical statistics : Africa, Asia & Oceania, B. R. Mitchell, 2001.

TABLEAU N° 13B – ÉVOLUTION DU TAUX D'ANALPHABÉTISME DE LA POPULATION ÂGÉE DE 15 ANS ET PLUS, DANS TROIS PAYS, ENTRE 1980 ET 2000

Pays	Année	Population âgée de 15 à 24 ans					
		Taux d'analphabétisme (%)			Population analphabète (milliers)		
		HF	H	F	HF	H	F
Botswana	1980	28,4	32,1	24,8	53	29	23
	1985	21,8	25,7	18,0	48	28	20
	1990	16,8	20,8	12,8	43	27	16
	1995	14,0	18,0	10,1	42	27	15
	2000	11,8	15,7	8,0	42	27	14
Malawi	1980	44,8	28,4	60,1	515	157	357
	1985	40,7	26,7	53,9	555	177	377
	1990	36,6	24,2	48,6	634	205	428
	1995	32,5	21,3	43,6	593	193	399
	2000	28,7	18,8	38,7	625	207	417
Mozambique	1980	59,0	38,3	79,4	1 338	431	907
	1985	57,0	38,9	74,8	1 460	496	964
	1990	51,5	34,1	68,7	1 361	448	912
	1995	45,8	29,5	61,9	1 463	468	994
	2000	40,0	25,3	54,6	1 497	470	1 027

Source : International historical statistics : Africa, Asia & Oceania, B. R. Mitchell, 2001.

Les tableaux 13A et 13B résument les pourcentages d'alphabétisation dans les pays étudiés : Botswana, Malawi et Mozambique, qui sont les seuls à présenter des données chiffrées pour la *population âgée de 15 ans et plus.*

Les taux d'analphabétisme ont baissé dans tous les pays pour *les femmes* et *les hommes.* En ce qui concerne la proportion de femmes âgées de 15 ans et plus, nous constatons qu'elle a baissé de moitié : de 40,7 % à 20,2 % pour le Botswana (entre 1980 et 2000). Le Malawi passe de 72, % à 53,3 % pendant la même période. Le Mozambique n'a baissé que de 16,3 % (de 87,9 % à 71,6 %). Grâce aux programmes d'alphabétisation fonctionnelle, selon l'évaluation de 1977, le taux d'alphabétisation s'était accru de 12 % en 1966 à 23 % en 1977. Ces pourcentages montrent donc une tendance à l'amélioration dans l'alphabétisation des adultes.

2. PROGRAMMES D'ALPHABÉTISATION FONCTIONNELLE AU MALAWI ET AU ZIMBABWE

Beaucoup de progrès ont été accomplis par les gouvernements d'Afrique australe au cours des vingt dernières années pour faciliter l'accès à l'éducation pour tous hommes et femmes, surtout dans l'alphabétisation fonctionnelle, grâce aux ONG en collaboration avec les États. Nous présenterons ici les études qui ont été faites dans ce domaine dans les deux seuls pays où nous avons trouvé des études fiables : le Zimbabwe et le Malawi.

Nous avons défini *l'alphabétisation fonctionnelle* comme étant « une formation pour le développement des communautés dans le cadre d'un développement durable ». Dans ses réalisations, elle doit entraîner non seulement un niveau de compétence technique des néo-alphabètes, mais aussi leur ouverture à une plus grande compétence et même à l'innovation.

Les sociétés contemporaines africaines ont beaucoup de connaissances traditionnelles en voie de disparition. Elles ont besoin d'être revalorisées à travers l'éducation *non formelle*, comme nous l'avons déjà défini dans la première partie. L'éducation non formelle concerne la masse, comme les millions d'Africaines socialement désavantagées qui vivent à la campagne, dans les bidonvilles, les enfants de la rue, ceux qui ont abandonné le système scolaire formel, les victimes des catastrophes et des guerres qui n'ont pas accès à l'éducation formelle. À cet égard, un des moyens d'éradiquer la pauvreté est l'éducation non formelle, qui est alors leur seule chance de parvenir à lire et à écrire ; les journaux, les livres et la radio s'avèrent très efficaces en tant que supports d'alphabétisation et d'information.

Les composants de l'éducation non formelle dans le cadre de l'éducation civique sont :

— un support pour une éducation de base (alphabétisation) ;
— une initiation à la nutrition ;
— une initiation à la santé ;
— une sensibilisation à l'éducation civique (les droits, les devoirs).

a) L'alphabétisation fonctionnelle des adultes au Zimbabwe

Un niveau d'illettrisme[123] élevé fait obstacle à l'échange d'informations et au transfert de connaissances. Les paysans illettrés ont un accès limité à l'information qui les aiderait à accroître leurs rendements agricoles par le biais de l'adoption de nouvelles techniques agricoles. La popularisation de ces techniques passe essentiellement par les médias écrits. Pour la majorité des ménages ruraux dont la subsistance et les rentrées d'argent dépendent de l'agriculture, le faible usage des outils agricoles implique la pauvreté et la sous-alimentation.

Les programmes d'alphabétisation au Zimbabwe étaient une composante des projets d'éducation de masse que la Grande-Bretagne a lancés dans ses territoires coloniaux à la fin des années quarante et durant les années cinquante. Cependant, ces projets n'ont pas connu de réussite pour des raisons techniques et politiques. Un comité d'alphabétisation national établi en 1962 par le gouvernement à dominance zimbabwéenne (rhodésienne, à l'époque), qui a pris le pouvoir en 1961 (par la *Unilaterale declaration of Independance)* lors des élections générales, a contribué à faire de l'alphabétisation une composante du développement, l'accent étant mis sur l'auto-assistance. Les communautés ont dû se procurer par leurs propres moyens les instructeurs et les matériaux d'enseignement et d'apprentissage. Le gouvernement a mis en place l'éducation gratuite pour la totalité de la population blanche et métisse[124] mais n'a mis en place que quelques écoles en villes pour les enfants de travailleurs noirs urbains. La campagne a été abandonné aux missionnaires qui ont alors établi des écoles privées.

b) L'alphabétisation fonctionnelle des adultes au Malawi

Au Malawi, vers 1970, les activités s'étaient répandues dans tous les départements du pays. Selon une enquête de l'Unesco de 1979[125], le nombre de diplômés des cours d'alphabétisation entre 1970 et 1978 s'élevait à 11 400 personnes.

Or, le programme a mis l'accent exclusif sur l'alphabétisation et l'enseignement du calcul et ne visait pas les questions relatives aux problèmes pratiques auxquels les Malawiens se heurtaient dans leur vie, tels que de faibles rendements agricoles, la malnutrition et la maladie.

---

[123] Ici, l'illettrisme est *ne pas savoir lire ni écrire*. Pour notre travail de thèse, nous avons trouvé essentiel de limiter la définition fonctionnelle de cette notion.
[124] À savoir, non-Blancs et Asiatiques.
[125] Unicef-Gouvernement de Malawi, 1991, p. 186.

Face à cette situation, le gouvernement a décidé de lancer un programme d'alphabétisation fonctionnelle. Le but du programme d'alphabétisation fonctionnelle était de rendre les élèves capables, outre la lecture et la maîtrise de simples calculs, d'acquérir des informations leur permettant d'améliorer leur propre niveau de vie tout comme celui de leur famille. La maîtrise de la *lecture*, de *l'écriture* et du *calcul* serait intégrée dans l'éducation pour le développement socioéconomique. Le raisonnement était qu'un programme d'éducation pour adultes intégrant un enseignement pour l'amélioration de son propre niveau de vie serait plus séduisant.

Il appartient au ministère des Services communaux de se charger des programmes. Le Centre national de l'alphabétisation et de l'éducation des adultes, ayant son siège souvent dans le ministère, élabore le programme, produit les matériaux d'enseignement et d'apprentissage, forme le personnel, réalise des activités de recherche et d'évaluation et offre des services de documentation et d'information. Il bénéficie de l'assistance des ministères impliqués dans le développement socioéconomique tels que le ministère de la Santé, le ministère de l'Agriculture et le ministère de l'Éducation, mais le programme d'alphabétisation fonctionnelle reste un programme basé sur la communauté. C'est aux communautés de prendre l'initiative de demander au ministère des Services communaux d'établir un centre d'alphabétisation des adultes dans leur région.

Elles doivent également sélectionner un villageois pour le former comme instructeur. Les critères de sélection sont le nombre d'années d'études, soit huit années d'études primaires, et le travail non rémunéré au ministre des Services communautaires. Les cours ont lieu dans l'après-midi quand les élèves ont achevé leurs tâches ménagères. Ils ont lieu dans l'enceinte des écoles primaires ou des églises existantes. Dans certains cas, les communautés ont construit des abris, servant de salles de classe. Les programmes des Nations unies que nous avons analysés d'une manière approfondie nous renseignent sur le contenu de ces enseignements.

L'instruction se fait en chichewa ou autre langue vernaculaire selon la langue dominante de la région. Les élèves apprennent à lire des voyelles et des syllabes. Les voyelles et syllabes sont ensuite réunies pour former des mots complets et finalement des phrases[126].

L'instructeur anime ensuite une discussion sur les manières d'améliorer la fertilité du sol en utilisant des engrais et les niveaux

[126] Méthode syllabique.

d'application appropriée. En arithmétique, on effectue des calculs simples du niveau CE2 (grade 3) ; par exemple, si un adulte consomme 3 sacs de 90 kg de maïs en un an, combien de sacs de 90 kg de maïs une famille requiert-elle par an ? De simples calculs comme celui-ci permettent aux familles d'estimer leurs besoins alimentaires annuels, d'éviter de vendre trop de maïs à des acheteurs commerciaux, avec comme conséquence la pénurie dans les régions rurales. L'éducation devient alors pertinente pour la solution des problèmes pratiques.

Bien que le programme ait initialement mis l'accent sur l'agriculture, – la survie de plus de 80 % de la population du pays est directement dépendante de l'agriculture –, on l'utilise actuellement pour répandre des informations sur la nutrition, la santé et le planning familial.

Interventions internationales pour accroître la participation féminine au Malawi

Un programme financé par l'USAID[127] au Malawi a été mis en place en 1990. Intitulé Gable[128] (Formation des filles en alphabétisation de base), il a encouragé une exemption totale des frais de scolarité pour les filles qui ne redoublent pas le cours primaire, la construction de salles de classe, de logements pour les enseignants, la contribution à la révision du programme d'enseignement et la formation des enseignants.

Ces dispenses de frais de scolarité (environ 0,78 $ US par an) semblent avoir eu un effet singulier : les chiffres provisoires d'inscription du ministère de l'Éducation révèlent que 54 % des enfants inscrits au cours primaire étaient de sexe féminin en 1992, contre 46 % pour les garçons. Mais par ailleurs, ces filles redoublent la première année plus souvent que les garçons. Par ailleurs, l'uniforme et d'autres fournitures scolaires sont à la charge des parents, pour un minimum de 7,80 $ US par élève. « Apparemment, la dispense des frais de scolarité a attiré l'attention des parents sur l'importance accordée à présent à l'éducation des filles, et leur réaction ne s'est pas fait attendre », nous dit Karin Hyde[129].

Notre enquête auprès de M. Mkandawire[130] a révélé que les programmes comme Gable sont viables tant qu'ils sont suivis par les ONG. Une fois que ces dernières arrêtent leurs activités, plus rien ne

---

[127] United States Agency for International Development (USAID).

[128] Girls' Attainment in Basic Literacy and Education (GABLE).

[129] Hyde Karin A. L., *Thèmes de priorités de recherche sur l'éducation des femmes en Afrique*, Nairobi, éd. Acad des sciences, 1996.

[130] Mkandawire F. R., Executive Secretary Malawi National Commission for Unesco, Unesco SADC Conférence, Paris, 10 novembre 2003.

fonctionne. Ainsi Gable[131] a été un échec, car, si la scolarisation en primaire est maintenant gratuite, le programme, lui, est arrêté, l'uniforme et les fournitures scolaires restant trop lourds pour les parents. L'étude d'un tel programme nous renseigne donc sur la viabilité de multitudes de programmes mis en place par différents organismes.

D'après l'Unicef, le programme d'alphabétisation fonctionnelle est un programme potentiellement utile car il ne sert pas seulement à apprendre à lire, écrire et calculer à ceux qui n'ont pas pu le faire, lorsqu'ils étaient plus jeunes, mais également de transmettra les informations qui peuvent contribuer à améliorer le niveau de la vie rurale. Or, pour combler le désir du gouvernement d'établir un programme d'alphabétisation fonctionnelle pour aider au développement rural socioéconomique, un nombre important d'améliorations doivent être apportées dans ce programme.

Le ministère des Services communaux doit recruter et former des instructeurs d'alphabétisation fonctionnelle de la même manière que le ministère de l'Éducation. Ces instructeurs bien formés doivent toucher des salaires correspondant à leur qualification. Il ne semble pas réaliste, dans le contexte de pauvreté et de chômage prédominant dans le pays, d'établir un programme sur une base bénévole. Il faut ensuite emmener les instructeurs dans les villages qui les requièrent. Il faut améliorer l'équipement en matériaux d'enseignement et d'apprentissage. On suggère que le cadre d'instruction du programme peut être fourni par un grand nombre de jeunes formés en agriculture et gestion, et envoyés dans les villages, fournissant des modèles de bonnes méthodes agricoles et d'autonomisation au niveau local. En fait, la plupart de ces jeunes sont soit trop qualifiés pour les travaux de la campagne ou soit pas assez pratiquement et ne peuvent assurer le rôle attendu. Ils se rendent alors dans les villes où ils espèrent être salariés. L'enseignement des adultes pourrait en effet offrir une carrière aux jeunes disposant d'une qualification plus académique.

Au-delà des qualifications académiques, l'âge devrait également constituer un critère de sélection pour la formation et l'emploi : il faudrait sélectionner de préférence des hommes et femmes plus âgés et plus mûrs, moins touchés par le sida ou tentés par l'exil, ce qui réduirait peut-être les départs des instructeurs. En outre, il incombe sans doute aux ministères respectifs d'augmenter les allocations budgétaires fonctionnelles au vu de cette transformation. Mais parallèlement à cette amélioration, il est également nécessaire d'avoir une plus grande

[131] Girls' Attainment of Basic Literacy and Education.

disponibilité de matériaux de post-alphabétisation. Ceci permettrait aux néo-alphabétisés de faire valoir leurs aptitudes et d'avoir accès à des informations utiles.

Les efforts du gouvernement pour mettre en place des bibliothèques villageoises est un exemple éloquent de cette volonté. Si on part du fait que les hommes au Malawi, comme dans la majorité des autres pays africains, prennent les décisions essentielles dans la famille, concernant, par exemple les dépenses des budgets familiaux et les innovations agricoles, il est important qu'ils participent à l'alphabétisation fonctionnelle, puisque la dissémination des informations va contribuer à l'amélioration socioéconomique des ménages.

Cette partie sur l'éducation fonctionnelle nous amène à conclure que, en raison des conditions socioculturelles, l'engagement des hommes est primordial, pour mettre en pratique les connaissances des femmes mariées acquises dans les centres d'alphabétisation. D'ailleurs, on fait état du rôle positif que jouent les dirigeants politiques, ecclésiastiques ou autres personnalités locales, en influençant les hommes. Ce qui importe est que le programme soit assez flexible dans son déroulement pour correspondre aux conditions du terrain.

CHAPITRE 5

Éducation comparée : Zimbabwe et Afrique du Sud

Nous effectuerons dans ce chapitre la comparaison de deux pays dans le cadre du « développement durable » : le Zimbabwe et l'Afrique du Sud.

I. PRÉSENTATION DES SYSTÈMES SCOLAIRES AU ZIMBABWE ET EN AFRIQUE DU SUD

Les systèmes scolaires des deux pays comparés ont dans l'ensemble les mêmes caractéristiques que le système britannique, ils se ressemblent dans l'organisation administrative, mais leur fonctionnement est distinct en fonction des politiques éducatives appliquées dans chaque pays. La terminologie des diplômes obtenus en fin de cycle est différente, mais le niveau des diplômes est sensiblement le même.

Au Zimbabwe, il faut sept ans d'étude à l'école primaire en deux cycles, et six ans d'enseignement secondaire en trois cycles, soit treize ans d'étude pour pouvoir entrer à l'université. L'âge d'entrée à l'école est de 6, 7 ans et l'âge de sortie du secondaire, de 19, 20 ans. Ce système permet d'orienter l'élève ou l'étudiant à la fin de chaque cycle selon l'une des trois options parentales : a) arrêt de la scolarité b) poursuite des études générales c) formation professionnelle. Le certificat d'étude est une sorte de concours pour entrer à l'école secondaire. Pour devenir fonctionnaire (infirmière, institutrice,...), le niveau demandé est celui du second cycle du secondaire.

En Afrique du Sud, il faut également sept ans d'étude à l'école primaire en deux cycles, comme au Zimbabwe, mais seulement cinq ans d'étude secondaire pour pouvoir entrer à l'université. L'âge d'entrée à l'école est de 7 ans et l'âge de sortie du secondaire, de 18 . Ce système permet également d'orienter les élèves à la fin de chaque cycle.

Ces deux systèmes ont connu les mêmes transformations post-coloniales : fin de la ségrégation raciale à l'école, au Zimbabwe, et fin de l'Apartheid, en Afrique du Sud. Nous étudierons quelques exemples de ces changements ultérieurement.

GRAPHIQUE N° 12 – PRÉSENTATION DES DEUX SYSTÈMES SCOLAIRES AU ZIMBABWE ET EN AFRIQUE DU SUD (EQUIVALENCE DES ANNEES SCOLAIRE EN FRANCAIS SE ROUVE EN ANNEXE)

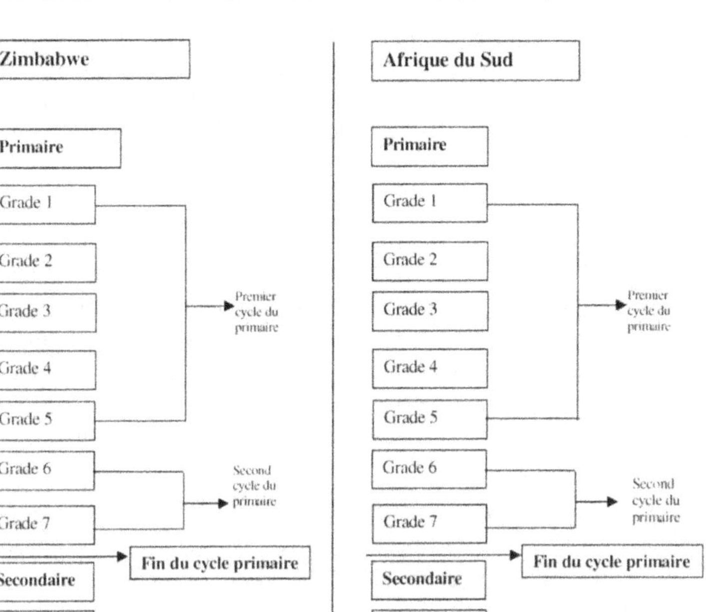

Source : auteur.

1. ÉDUCATION À L'ÉPOQUE DE LA DÉCOLONISATION

Les deux pays qui nous intéressent – l'Afrique du Sud et le Zimbabwe – constituent deux cas de figure différents, puisque le premier n'a jamais été véritablement colonisé, mais s'est libéré du joug de l'Apartheid en 1994, et que le second n'a obtenu son indépendance qu'en 1980. L'Histoire nous montre le rôle important que les Anglais ont joué dans ces deux pays, d'abord pendant la colonisation puis pendant la mise en place du Commonwealth, d'où l'actuelle situation et leur implication importante dans l'organisation des programmes pour tous (hommes et femmes).

a) Aspect économique

Alors que les pays étudiés privilégiaient l'autarcie économique, avec un système de troc plutôt qu'un système monétaire, les pays développés les amenèrent progressivement à utiliser l'argent pour les échanges économiques et à privilégier l'agriculture de rentes au détriment de l'agriculture vivrière et le développement de produits manufacturés pour les pays industrialisés.

b) Aspect social

Le Commonwealth a imposé un certain nombre d'éléments qui renforcent le sentiment d'une identité, d'une culture commune. La langue véhiculaire, l'anglais, étant la base de cette culture. Les institutions sont calquées sur le système britannique (ex. l'éducation/instruction et l'administration).

Nous nous trouvons cependant confrontés à un problème socioculturel régional qui est « la préférence pour scolariser les garçons » : l'argent dépensé à instruire les filles est considéré comme un gaspillage, puisque les filles se marient et que c'est le mari qui en profitera. Progressivement, il y a eu destruction du système social traditionnel et imposition d'un mode de vie « à l'européenne » : passage de la famille étendue à la famille nucléaire, exode rural, idéologie du progrès et de la modernité, abandon des valeurs et des coutumes traditionnelles, valorisation des valeurs chrétiennes, …

c) Aspect environnemental

À l'époque de la colonisation, les pays les plus développés exploitaient les ressources naturelles des pays les moins développés, sans se soucier des conséquences sur l'environnement : épuisement des ressources naturelles, destruction des écosystèmes, pollution.

2. ÉDUCATION À L'ÈRE CONTEMPORAINE DU « DÉVELOPPEMENT DURABLE »

La définition du « développement durable » la plus pertinente paraît être celle de Jean-Yves Martin[132], désignant un développement économique qui accroît le bien-être sans détruire l'environnement naturel. Le terme a été introduit dans le rapport Bruntland[133], remis en 1987 à l'Organisation des Nations unies. II y est défini comme un développement « qui répond aux besoins du présent sans compromettre les capacités des générations futures à répondre aux leurs ». Le concept est issu du constat que la prospérité des pays du Nord s'est édifiée sur la destruction de nombreux écosystèmes ou sur leur pollution. Le développement humain est au premier rang des objectifs du développement durable. Il implique le respect des droits de l'homme, l'intégrité physique et morale, l'accès aux biens fondamentaux : alimentation, santé et éducation.

Cette nouvelle définition du « développement durable » est désormais incontournable dans les discours qui entendent traiter de l'environnement et du développement. La définition donné dans le rapport du CMED[134] est déclinée selon les trois dimensions de l'*économique*, du *social*, et de l'*environnementa*l.

La première définition semble les englober toutes en se basant sous le seul point de vue de l'environnement, mais nous allons utiliser la deuxième dans notre étude, car celle-ci englobe les trois dimensions économique, sociale et environnementale et que ces trois paramètres sont en étroite corrélation avec *l'éducation*. Pour des raisons didactiques, nous séparerons ces trois éléments.

a) Développement économique

La consommation et la production énergétique, l'agriculture, le transport, la communication, l'inégalité sociale, la pauvreté, les

---

[132] Martin Jean-Yves, *Développement durable*, Paris, IRD, 2002.

[133] Rapport de la Commission mondiale pour l'environnement et le développement présidé par madame Gro Harlem Bruntland, intitulé « Our Common Future », traduit en français sous le titre « Notre avenir à tous », 1987. En anglais, l'expression utilisée est « *Sustainable Development* ».

[134] *Idem*, p. 47.

dépenses, la corruption, l'éducation, la santé, la défense et la solidarité constituent une longue liste de liens qui existent entre l'éducation et l'économie.

Comme pour les facteurs sociaux et environnementaux, nous essaierons d'analyser la façon dont les programmes éducatifs du Commonwealth tiennent compte de l'économie dans le cadre du développement durable.

Comme nous l'avons souligné antérieurement au sujet de la durabilité sociale, l'une des priorités à éradiquer est la pauvreté, ce qui démontre l'étroite imbrication entre le social et l'économique. Éradiquer la pauvreté, en tant qu'objectif, est étroitement lié à la croissance économique. Or, jusqu'à présent, cette croissance avait tendance à accroître le fossé entre les riches et les pauvres, le Nord et le Sud, les hommes et les femmes. Le développement durable propose donc une dynamique de conciliation d'aspects qui paraissaient inconciliables : la solidarité, l'équité et l'égalité sociale dans la croissance.

Un certain nombre d'études sur la pauvreté ont montré une corrélation positive entre « l'éducation, surtout celle de la femme, et le bien-être social[135] ». Une telle éducation implique en effet une réduction du nombre d'enfants, une baisse de la mortalité infantile, un allongement de l'espérance de vie, mais également une promotion sociale des enfants, une augmentation du capital économique et social, etc. Cela se traduit également par une augmentation de la consommation, mais parallèlement aussi de l'épargne (grâce à des revenus plus importants obtenus par des diplômes mieux rémunérés et un meilleur accès à l'information).

Il nous paraît donc important d'interroger cette corrélation afin de la vérifier dans le cadre des programmes éducatifs du Commonwealth et des Nation unies. Après avoir bâti un cadre général, nous étudierons la façon dont le système fonctionne au sein de deux pays d'Afrique australe : la République d'Afrique du Sud et le Zimbabwe.

Le rapport de l'OCDE « Apprendre à tout âge » met en évidence ce qu'il appelle « une forte demande insatisfaite » d'éducation et de formation professionnelle continue des adultes.

Certains chercheurs ont mis en évidence la *corrélation* existant, dans les pays en développement, entre les investissements consacrés à l'éducation de base et la production économique[136]. Ils estiment que les

---

[135] Picard Nathalie et Véron Jacques, *Éducation, changement démographique et développement*, éd. Orstom, 1991, p. 11-21.

[136] Hugon Philippe, « Éduquer, former, employer en Afrique », CERED/JLAREA, mardi 3 septembre 1991, Paris.

différences de productivité de la main-d'œuvre agricole entre les pays s'expliquent, dans une proportion allant du quart à la moitié, par les différences de niveaux d'instruction. Les taux d'alphabétisation des adultes, dans les pays en développement, sont corrélés positivement avec le produit national brut (PNB) par habitant. Il ressort des études effectuées que c'est en général dans les pays à faibles revenus et dans ceux qui se trouvent encore aux premiers stades de développement industriel que les investissements consacrés à l'éducation de base sont les plus rentables.

Le rendement des investissements est particulièrement élevé dans l'enseignement primaire mais demeure important au niveau du secondaire. La rentabilité économique est la même, qu'il s'agisse *des filles* ou *des garçons*. C'est dans les « économies de l'apprentissage » qu'on voit rayonner les pays industrialisés qui ont plus de 80 % d'alphabétisés. Donc, nous pouvons dire que la croissance économique passe par des investissements dans *l'éducation de base*. Ceci est vérifié par les études des Nations unies[137] et d'autres travaux. Les avantages apportés aux individus par le fait d'investir dans l'éducation au-delà du primaire ont également été mis en évidence.

Dans la plupart des cas, à scolarisation égale, les femmes instruites, au même titre que les hommes, ont plus souvent un emploi avec un meilleur salaire que les autres femmes. Mais le point sur la rémunération reste à résoudre car les femmes sont moins payées en général à travail égal. Les données nationales montrent une corrélation entre le nombre d'années d'enseignement et le produit national brut. De plus, les pays dans lesquels la différence de niveaux éducatifs entre hommes et femmes est la plus faible ont un PNB plus élevé (Hill, 1993[138]). Cela montre que, si l'éducation est plus équitablement répartie au sein de la population, la productivité d'un pays s'accroît. L'éducation a aussi des effets à long terme sur l'amélioration de la productivité dans l'agriculture et l'industrie.

Nous avons vu que la généralisation de l'éducation de base est étroitement liée à la croissance économique. Nous avons aussi constaté que les pays développés comme l'Allemagne, la France, le Royaume-Uni ou les États-Unis, qui, par exemple, ont atteint un taux d'alphabétisation de 80 %, investissent encore dans l'éducation de base des adultes. L'Afrique, qui a un taux d'alphabétisation plus faible, a

---

[137] Hallak J., Caillads F., *Éducation, travail et emploi*, IIEP, Unesco (1981).

[138] King E. et A. Hill, *Women's education in developing countries*, Baltimore et Londres, éd. John Hopkins University Press (1993).

donc doublement raison d'investir dans l'alphabétisation en vue d'accroître son rendement économique !

b) Développement social

À propos de la valorisation du développement en Afrique, nous parlons de « développement » et de « développement durable » :

> « Un développement est durable en termes sociaux si les politiques publiques qui le composent – économiques, sociales, environnementales – n'engendrent pas de dysfonctionnements sociaux tels qu'elles remettent en cause les possibilités d'amélioration du bien-être pour l'ensemble de la population actuelle comme à venir[139]. »

Le *développement humain* est donc l'objectif prépondérant *du développement durable*, en ce qu'il implique le respect des droits de l'homme, l'intégrité physique et morale, l'accès aux biens fondamentaux (alimentation, santé, éducation, participation aux décisions qui engagent le présent et l'avenir).

Selon ces définitions, qui rassemblent la plupart des auteurs récents, la difficulté du facteur « social » tient à la présence d'un certain nombre d'indicateurs qualitatifs : comment mesurer le bien-être social, l'intégrité morale et même les droits de l'homme qui n'en sont qu'à leurs balbutiements ? Et de quelle façon, si l'on reprend la définition du rapport Bruntland à l'origine du concept de « développement durable » : un développement « qui répond aux besoins du présent sans compromettre les capacités des générations futures à répondre aux leurs » ? Dans ce cadre de la durabilité, les dimensions « sociale, culturelle, politique, éthique, etc. » proposées par I. Sachs (1999[140]) ont été adoptées par l'Union européenne lors du sommet de Göteborg (15 et 16 juin 2001).

Certains chercheurs ont recensé des indicateurs quantitatifs de durabilité sociale : la démographie, l'accès à l'eau, la malnutrition, l'accès à la santé, l'accès à l'éducation, le statut des femmes, la liberté de la presse, le mal-être social, les conflits.

Grâce à ces indicateurs, il ne s'agit plus de donner, par exemple, de l'argent à un pays parce qu'il est pauvre, mais d'aider certaines catégories de la population ciblée (réfugiés, femmes, groupes ethniques)

---

[139] Dubois, Mahieu, « La dimension sociale du développement durable », *in Développement durable ?*, IRD, 2002, p. 83.

[140] Sachs I., « Social Sustainability and Whole Development : Exploring the Dimensions of Sustainable Development », *in* Becker E., Jahn T., *Social Sustainability and Whole Development*, MOST project, Unesco/Isoe, Zed Books, 1999.

– ce qui sous-entend que l'on a analysé en profondeur la structure sociale d'un pays.

c) Éducation et environnement : le rôle des femmes

Les femmes sont les premières éducatrices environnementales, communiquant avec leurs enfants et leur transmettant une compréhension des processus naturels qui ont lieu autour d'eux. En Afrique australe, les vieilles grands-mères sont les meilleures éducatrices de l'environnement, car durant toute leur enfance, elles ont entendu les sages leur parler du respect de la nature et de la communion qui existe entre l'homme et la nature. Ce que l'éducation moderne peut leur apporter est, par exemple, « le traitement des déchets ». Les écoles non formelles que nous avons pu recenser dans les pays étudiés ont toutes des programmes sur l'environnement.

d) Contribution de l'éducation au développement familial

Les travaux de E. King et A. Hill[141] montrent que les femmes instruites prennent généralement de meilleures décisions concernant la santé de la famille, l'hygiène et la nutrition ; de ce fait, la mortalité infantile est plus faible chez leurs enfants. Comme nous l'avons déjà défini, l'éducation des femmes est très corrélée avec la fécondité et l'utilisation des contraceptifs. Les femmes instruites ont tendance à se marier plus tard et à avoir moins d'enfants, ce qui indique un plus haut degré de réflexion sur le contrôle de la natalité et reflète également une participation plus importante aux décisions intéressant la famille. Les femmes instruites prennent habituellement mieux soin de leurs enfants et savent mieux comment veiller à leur condition physique et suivre leurs résultats scolaires. Les mères qui ont reçu une éducation peuvent susciter chez leurs filles davantage de confiance en elles-mêmes et leur permettre d'envisager une vie professionnelle non traditionnelle.

L'éducation des femmes présente aussi des avantages pour les hommes : les données nationales montrent une corrélation positive et significative entre l'éducation des femmes et l'espérance de vie des hommes (King et Hill, 1993). Nous allons traiter cette partie d'une manière approfondie paramètre par paramètre dans notre chapitre 4.

---

[141] King E. et Hill A., *Women's education in developing countries, op. cit.*

e) Éducation et santé

La formation des enseignants aux principes et aux pratiques de l'éducation sanitaire est une condition indispensable à la réussite de n'importe quel type de programme d'éducation sanitaire. Les enseignants doivent comprendre la nature du processus d'éducation sanitaire et savoir comment l'appliquer aux problèmes et aux besoins des élèves et de la communauté locale.

Un des programmes que nous avons synthétisés et trouvés très adaptés à l'Afrique en général mais surtout à l'Afrique australe est « L'enfant pour l'enfant[142] », qui a été expérimenté au Royaume-Uni et adopté dans de nombreux pays du Commonwealth. Il repose sur le fait que beaucoup d'enfants passent une grande partie de leur temps à s'occuper de leurs frères et sœurs plus jeunes. Comme nous l'avons constaté, dans les pays en développement, ce sont les enfants les plus jeunes qui tombent malades le plus souvent. *Le paludisme, les diarrhées, les infections respiratoires* et d'autres *maladies infectieuses* figurent parmi les principales causes de la *mortalité infantile.* L'Afrique du Sud et le Zimbabwe ne font pas exception ; ils ont installé des centres « d'apprentissage sanitaire », où les élèves acquièrent des notions d'hygiène et de nutrition qu'on les encourage à communiquer ensuite au reste de leur famille. Des écoles servent également de centres pour la vaccination, la distribution de sels de réhydratation par voie orale et autres mesures préventives, surtout dans les campagnes où il n'y a pas de centre médico-social. Ceci n'est qu'un des nombreux exemples du rôle que joue l'école au sein de la communauté rurale.

---

[142] La pédagogie de l'Enfant pour l'enfant vise à permettre aux enfants et aux jeunes de jouer un rôle actif et responsable pour préserver et améliorer leur propre santé, celle des autres enfants de leur entourage et de la communauté en général. Le contenu scientifique de ces messages est simple et précis, la méthode pédagogique est centrée sur l'enfant qui participe à la construction de son savoir. Les activités proposées aux enfants sont soucieuses de prendre en compte la motivation : le jeu, le conte, le théâtre peuvent par exemple être utilisés. Le lien et les allers-retours école-communauté sont privilégiés : les enfants et l'enseignant étudient à l'école un sujet de santé. Ils peuvent ensuite, dans la communauté, confronter la théorie et la réalité communautaire, rassembler des informations locales sur le sujet, discuter et planifier une action qui pourra être réalisée dans la communauté. Le programme n'apporte pas de réponses toutes faites et définitives aux questions de santé : l'enfant dans sa communauté est amené à analyser ses problèmes et à trouver des solutions adaptées. Le respect, la responsabilisation et la valorisation des enfants doivent être au centre des préoccupations des acteurs : les enseignants, les professionnels de la santé, du social, les parents, les éducateurs... doivent s'associer pour développer un travail multidisciplinaire. Le thème de la santé pourra apparaître dans de nombreuses matières des programmes scolaires : calcul, sciences, langues, éducation civique... (programmes des Nations unies).

II. POLITIQUES ÉDUCATIVES

Nous étudierons les politiques éducatives de l'Afrique australe en général, mais nous insisterons sur celles de l'Afrique du Sud et du Zimbabwe, afin de déterminer à quels aspects de l'éducation, notamment celle de la femme, elles accordent la primauté.

I. POLITIQUES GÉNÉRIQUES SUR LA PRIORITÉ DE L'ALPHABÉTISATION DES FEMMES

Il est utile de rappeler la disparité entre les sexes rarement évoquée à propos de l'analphabétisme dans les pays en voie de développement, où la majorité des adultes analphabètes sont des femmes ; dans ce domaine, l'écart entre les sexes continue à croître, malgré les efforts des politiques éducatives nationales. La Réaffirmation d'Amman[143] a estimé que le problème de *l'éducation des femmes* devait être traité en priorité. Évoquant la Conférence mondiale sur l'Éducation pour tous de 1990, elle a rappelé :

> « *La conférence de Jomtien* avait insisté tout particulièrement sur l'urgente nécessité de réduire l'inégalité entre les sexes en matière d'éducation, d'abord par simple souci d'équité et ensuite parce que c'est le moyen le plus efficace de répondre à la pression démographique et de promouvoir le développement durable. »

De nombreuses études et corrélations statistiques mettent en évidence les liaisons étroites entre *l'éducation des femmes* et *les indicateurs économiques sociaux et environnementaux.*

> « La relation entre éducation et emploi devient encore plus complexe si on la rattache au contexte de croissance démographique dans les pays africains. Le pourcentage de la population scolarisable est 2,5 fois plus élevé que dans les pays industrialisés. Ainsi 35 États africains ont des taux de croissance dans la tranche de 5 à 14 ans supérieurs à 2,5 %, dont 20 supérieurs à 3,2 %. Il y a inter-relations avec effets de rétroaction entre les variables scolaires, d'emploi et démographiques, mais le temps de la reproduction des agents (temps démographique) n'est pas le même que celui de la production des

[143] Éducation pour tous : atteindre l'objectif. La Réaffirmation d'Amman, Amman, Jordanie, 16-19 Juin 1996.

biens (temps de l'emploi) ou que celui de la formation des hommes (temps éducatif)[144]. »

Certaines études ont montré qu'au-delà de l'indépendance apparente des dynamiques scolaires et de l'économie il existe des interdépendances entre les deux variables. Dès lors, les politiques pour une meilleure intégration de l'éducation et de l'économie doivent prendre en compte la dynamique d'ensemble tout en développant des politiques spécifiques d'appui, et il est désormais largement admis que les investissements dans l'éducation des filles et des femmes sont bénéfiques aux enfants comme aux adultes des deux sexes. Le cas du Zimbabwe, où le gouvernement s'est employé, en partenariat avec des organisations locales et des donateurs extérieurs, à faire des programmes qui valorisent la scolarisation des filles est un bon exemple de programme qui fonctionne bien.

a) La langue d'instruction

La langue d'instruction est fondamentale, dans l'éducation fonctionnelle, au sens large du terme « éducation ». Par conséquent, il y a lieu de se recentrer sur les langues vernaculaires[145] dans le processus d'alphabétisation/instruction, dans la mesure où ces langues sont écrites (par exemple, le shona et le ndebelé).

---

[144] Hugon Philippe, « Éduquer, former, employer en Afrique », Paris, 1991.

[145] Dialectaux. Ici, il s'agit des langues comme le chewa, le herero, le khoikhoi, les lozi, le ndebele, le ngoni, le nguni, le san, le shona, le sotho, le swazi, le tonga de l'afrique du sud, le tonga du malawi, le tswana, xhosa, le zulu, et les langues des nomades non bantous (des Boshiman et des Hottentot)…

TABLEAU N° 14 – LES LANGUES PARLÉES ET LES GROUPES ETHNIQUES DES PAYS ÉTUDIÉS

PAYS	LANGUES	GROUPES ETHNIQUES
Afrique du Sud	Xhosa, zulu, afrikaans, anglais, sotho (nord), tswana, sotho (sud), tsonga, swati, venda et autres	Zulu, Blancs, Noirs, Sotho (nord), Xhosa, métis, Sotho (sud), Tswana et Asiatiques
Botswana	Tswana, khoisan, anglais et autres	Batswana, Bushman(Khoi) et San Hottentot, Ndebele et autres
Lesotho	Sotho (sud), zulu, anglais	Sotho (sud) et Zulu
Malawi	Chewa, lomwe, yao, tumbuka, anglais et autres	Maravi, Lomwe, Yao, et Ngoni
Mozambique	Makua, tsonga, sena, shona, swahili, chopi, chewa, yao, makonde, portugais et autres	Makua, Tsonga, Malawi, Shona et Yao
Swaziland	Swazi, zulu, anglais et autres	Swazi, Zulu, Tsonga
Zambie	Bemba, nyanja, tonga, lozi, kaonde, lunda, luvale, anglais et autres	Bemba, Maravi, Tonga (nord-ouest), Barotse, Mambwe et Tumbuka
Zimbabwe	Shona, ndebele, anglais et autres	Shona, Ndebele, Européens et Asiatiques

Source : auteur.

Il est évident qu'en ce qui concerne l'alphabétisation fonctionnelle des adultes il faut alphabétiser l'individu dans la langue qu'il comprend, c'est-à-dire sa langue maternelle. En effet, au niveau du gouvernement, promouvoir une langue différente de celle de l'ancien pouvoir colonial, logiquement récupérée par les élites, pouvait miner le principe du pouvoir en soi. Par ailleurs, dans les jeunes États du tiers-monde, la recherche d'un équilibre, ou plutôt le spectre d'un déséquilibre entre les différences culturelles, pouvait plaider pour le choix d'une langue vernaculaire. L'utilisation de la langue vernaculaire nous paraît ainsi aussi importante que l'instruction en elle-même.

b) Mise en place de moyens de sensibilisation des populations analphabètes à l'éducation fonctionnelle

Il appartient aux décideurs politiques et concepteurs de programmes de mettre en œuvre des formules d'alphabétisation, en coopération étroite avec la participation active des groupes religieux, chefs de village, hommes et les femmes âgés, et d'organiser les populations analphabètes bénéficiaires. La sensibilisation des populations cibles est obtenue par des moyens multiples : les médias (radio, cinéma, théâtre, presse, etc.), l'utilisation des canaux efficaces que constituent les organisations non gouvernementales, les organisations de masse, les structures des partis politiques, les activités culturelles (théâtre, chansons populaires...)

2. Politiques environnementales liées à l'éducation — alphabétisation de la femme

L'éducation des adultes, du point de vue de l'éducation environnementale, n'est pas une simple question de transfert de technologies des pays industrialisés vers les pays en voie de développement ou d'échange de programmes entre les Nations. C'est d'abord et avant tout une question de changement des mentalités, donc de révision culturelle, sociale et économique.

La problématique de l'eau, de l'énergie, du climat, du sol diffère sensiblement d'une localité à l'autre et implique une dimension de responsabilité permettant à chaque groupe cible d'agir et de réfléchir sur ses propres actions à mener. Il est fondamental de concevoir des programmes d'éducation environnementale de type associatif, qui laissent aux populations la possibilité de s'exprimer, de se concerter, de discuter des propositions nouvelles, ainsi que des approches horizontales et non verticales, souvent porteuses de préjugés. Par exemple, l'introduction *du foyer amélioré*[146], en remplacement du foyer traditionnel a posé quelques problèmes au départ dans certains pays africains. Nous soulignons d'après notre analyse qu'il ne s'agit pas de la part des femmes africaines d'un refus d'utiliser le foyer amélioré, qui est économique et rapide, mais d'un attachement social et culturel au foyer traditionnel.

3. L'ajustement

L'ajustement du système éducatif aux réalités *démographiques* et *budgétaires* sera difficile, mais il est indispensable si l'on veut

[146] La cuisine se fait sur un feu de bois dans un foyer « traditionnel » constitué de trois pierres. Ce foyer à trois pierres est ouvert au vent, or, plus il y a d'oxygène, plus le feu brûle vite et plus il faut utiliser de bois. Pourtant, la forêt n'est pas une ressource inépuisable. Ainsi, pour réduire la consommation de bois des familles et donc ralentir le processus de désertification, les femmes sont maintenant encouragées à utiliser un foyer appelé foyer amélioré. Contrairement au foyer « traditionnel » (les trois pierres), le foyer amélioré est fermé. Cela lui permet de conserver la chaleur produite par le feu et de consommer moins de bois, et ce, pour le même résultat. *Source* : Comité de solidarité Tiers-Monde de Trois-Rivières.

minimiser les effets perturbateurs de ces facteurs externes dans les années à venir ; il sera sans aucun doute douloureux et politiquement difficile, mais il allégera la charge que font peser l'éducation et la formation sur le budget des États. En revanche, le progrès économique et l'expansion exigeront certainement des ressources supplémentaires. Il faudra donc que l'Afrique, qui demeure soumise aux contraintes de l'austérité, s'engage résolument sur la voie de l'ajustement si elle veut progresser sur les deux autres fronts. Et, si de nouvelles orientations doivent être prises, la gestion et l'administration devront également être améliorées.

L'ajustement prendra essentiellement deux formes : tout d'abord, la diversification des sources de financement. Il s'agit des financements des gouvernements, des ONG et des bailleurs de fonds de toutes sortes. Pour sept pays sur huit étudiés (hormis le Malawi), une participation importante des familles au financement de l'enseignement primaire est inévitable. (Le supérieur n'est accessible que pour les familles aisés.) Cette politique devra être appliquée compte tenu des aides sociales aux élèves et étudiants.

De même, la maîtrise des coûts : l'ajustement exigera de contenir les coûts, notamment par une meilleure utilisation des maîtres pour les pays pauvres, la mauvaise gestion du ratio élèves-enseignants pouvant multiplier le coût par trois. Par conséquent, il est préférable de réduire le nombre des redoublements et des abandons par cycle.

4. Politiques éducatives de deux pays : Zimbabwe et Afrique du Sud

a) Politiques éducatives du Zimbabwe

Depuis l'indépendance, en 1980, le gouvernement du Zimbabwe a adopté des politiques et des mesures visant à instaurer la croissance dans *l'équité et l'égalité*. Le gouvernement du Zimbabwe a également légiféré contre les actes de discrimination injustifiés que subissent les femmes dans les domaines de la vie économique et sociale. Sur le plan juridique, les filles et les femmes jouissent des mêmes chances d'accès à l'enseignement général et professionnel. Le taux d'inscription des filles dans les institutions d'enseignement technique et professionnel a connu une amélioration, il tourne autour de 30 % du total des effectifs. Toutefois, la participation des filles reste faible. Les filles continuent d'obtenir des résultats moins satisfaisants dans le domaine scientifique, dit « masculin ».

Comme nous venons de le dire, depuis l'indépendance, le Zimbabwe a pris conscience de la nécessité d'éduquer le peuple ou la masse qui n'avait pas pu aller à l'école à cause de la discrimination raciale de Ian Smith (le dernier premier ministre de la Rhodésie du Sud avant l'indépendance). Malgré cette politique de l'égalité des chances pour tous dans l'enseignement en reconnaissant qu'il s'agit d'un droit de l'homme fondamental et que l'enseignement peut faciliter le redressement des inégalités sociales, les problèmes économiques ont empêché la gratuité du système scolaire qui avait été instauré peu après l'indépendance ; cela n'a duré que quelques années.

Néanmoins, il y a eu une amélioration du taux d'alphabétisme des hommes et des femmes. Aujourd'hui, le taux d'alphabétisation est de 80,38 % au Zimbabwe[147] et ceux des hommes et des femmes sont de 86,06 % et 75,12 % respectivement[148]. Cependant, 19 % des femmes environ ne sont jamais allées à l'école, alors que, pour les hommes, ce taux est de 14 %. Les chiffres parlent d'eux-mêmes, nous voyons une évolution de l'éducation et nous avons la preuve que la scolarisation des filles est plus faible aux différents niveaux de l'enseignement ; c'est, en partie, parce que le taux de passage des filles dans la classe supérieure est plus faible que celui des garçons. La scolarisation des filles dans le secondaire et dans le supérieur est plus faible bien que, au départ, les ratios par sexe leur soient très favorables dans le primaire.

Depuis les années quatre-vingt-dix, le gouvernement du Zimbabwe a adopté une « politique de discrimination positive » en faveur des filles : il choisit un nombre égal d'enfants des deux sexes pour l'inscription en classe de sixième. Au début, le niveau du programme était moins élevé pour les filles, et il était difficile d'en trouver le nombre requis. Aujourd'hui, comme il a été rapporté en 1992 lors d'une conférence sous l'égide de l'Unicef, les garçons et les filles sont égaux en nombre comme par le niveau d'aptitude.

Les données disponibles montrent que les deux sexes ne sont à peu près également représentés qu'en classe de sixième : le pourcentage des élèves qui réussissent à atteindre la septième est de 74,5 % pour les garçons et de 73,1 % pour les filles. Le taux des élèves de septième qui réussissent à entrer en sixième est de 73,3 % pour les garçons et de 64,4 % pour les filles, celui des élèves de sixième qui atteignent la quatrième année d'études secondaires est de 73 % pour les garçons et de

---

[147] Unesco, *Access of Girls and Women to Scientific, Technical and Vocational Education*, Dakar,1999.

[148] Zimbabwe, rapport du ministère de l'Éducation, 1995.

63,5 % pour les filles (selon les statistiques nationales de l'éducation, 1996).

Les données concernant le niveau atteint montrent les disparités entre les sexes. Les filles réussissent bien dans les classes inférieures et moins bien dans les classes supérieures. La proportion des filles n'ayant obtenu aucun diplôme est plus importante que celle des garçons (44,3 % et 33,24 % respectivement). Les filles ont moins de chances que les garçons de suivre des cours de science[149].

b) Politiques éducatives en Afrique du Sud : rappel historique

Pour comprendre le système éducatif et les politiques éducatives de l'Afrique du Sud, nous devons faire un petit rappel historique qui nous permettra de mieux comprendre la situation actuelle. Nous tenons à signaler qu'une bonne partie des statistiques dans cette partie ont pour source des données officielles[150].

Nous ferons donc un court rappel sur l'Apartheid. Ce qui caractérise l'enseignement en Afrique du Sud est cette idéologie qui a fourni le cadre de restructuration du système d'enseignement après 1948. Initié avec la *Bantu Education Act* (loi bantoue sur l'éducation) de 1953, il a voulu promouvoir l'éducation par la ségrégation raciale. L'ensemble du système d'enseignement en Afrique du Sud était officiellement divisé en fonction de considérations raciales et ethniques pour renforcer la prédominance du régime blanc tout en excluant les Noirs de l'enseignement académique et de la formation technique de qualité. La prorogation de la loi de 1959 sur l'enseignement universitaire qui créait des universités sur la base raciale a véhiculé cette idéologie. Les centres d'enseignement supérieur du nord et du Zoulouland ont été créés pour les populations africaines qui parlaient sotho, venda, tsonga et zoulou, et les universités de Western Cape et de Durban-Westville, respectivement pour les métis et les Indiens. L'instruction au-delà de l'enseignement primaire était accessible aux personnes des deux sexes.

Le début des années quatre-vingt a vu la création de nombreuses universités dans les Homelands indépendants dans le but de satisfaire aux besoins d'un développement indépendant. En accord avec les tendances internationales et pour répondre aux exigences nationales, un troisième type d'institution d'enseignement supérieur, le *technikon*[151],

---

[149] Shumba dans le rapport annuel du ministère de l'Éducation du Zimbabwe de 1995.

[150] *Ibid.*

[151] Technikon (Afrique du Sud) : un troisième type d'institution d'enseignement supérieur qui s'est développé en 1978 en même temps que les universités et centres de formation professionnelle. Les technikons déterminaient le reste du système éducatif.

s'est développé en 1978, en même temps que les universités et centres de formation professionnelle. Les technikons avaient déjà été développés dans le cadre de l'Apartheid, qui, à l'époque, déterminait le système éducatif. Cette situation a finalement mené à la mise en place d'un enseignement supérieur sud-africain constitué de 21 universités, 15 technikons et environ 140 écoles professionnelles uni-disciplinaires (enseignement, soins infirmiers et agriculture), toutes réparties selon des considérations raciales. Les trois types d'institution étaient censés avoir des limites fonctionnelles strictes.

Selon *The right to learn*[152], il existe un empiètement considérable des universités qui dominent le secteur de l'enseignement supérieur. Pendant la période de l'Apartheid, le débat était axé sur les questions relatives à l'accès des Noirs à ces institutions et ne concernait pratiquement pas les « questions secondaires » de sexe. En 1986, seuls 23 % des étudiants du secteur universitaire étaient noirs, contre 64 %, blancs et 13 %, métis. Dans les technikons, seuls 7 % étaient africains alors que 83 % étaient blancs. Entre 1986 et 1993, les inscriptions d'africains dans les universités et technikons se sont accrues à un taux moyen annuel de 14 %, contre une croissance moyenne annuelle de 0,4 % pour les Blancs. Le nombre total d'inscriptions dans les universités et technikons s'est accru à une moyenne annuelle de 8 % pendant cette période.

L'analyse des Nations unies[153] nous montre que cette croissance des inscriptions des étudiants africains dans les universités, par exemple, était surtout due au nombre de plus en plus important d'étudiants qui s'inscrivent dans les universités historiquement noires (UHN) – lesquelles ont pratiquement doublé le nombre de leurs étudiants. Il en était de même dans les universités par correspondance de Vista et Unisa.

Compte tenu du fait que l'Afrique du Sud vient d'obtenir son indépendance (1994, il y a presque dix ans), son système scolaire se trouve en ce moment dans une phase de *transition*. Une comparaison avec le Zimbabwe sera possible mais avec certaines réserves. Les politiques d'inscription, les programmes, les transferts inter-institutions, la gestion disciplinaire, etc. sont à l'étude. Jusqu'à tout récemment, les programmes, bien qu'identifiant des buts et objectifs comme points de départ, étaient en fait basés sur leur contenu. Ils étaient organisés en matières obligatoires ou facultatives, à dispenser à des périodes spécifiques et à des dates fixes dans les établissements scolaires.

---

[152] Christie Pam, *op. cit.*

[153] Unesco, *Access of Girls and Women…*, *op. cit.*

Dans les écoles, les progrès réalisés par les élèves d'une classe dépendent largement de leur capacité de maîtrise (ou de mémorisation) de la matière (par exemple, 5 des 6 matières devraient inclure la moyenne de passage dans deux langues, par exemple anglais & shona ou anglais & ndébélé). L'évaluation s'effectuait à divers moments de l'année et au cours des examens de fin d'année, mais les élèves pouvaient passer d'une classe à la suivante à la fin de l'année. L'enseignement primaire et les premières années de l'enseignement secondaire étaient obligatoires, sauf pour la population africaine. Après les premières élections démocratiques, le président de la République a annoncé que *l'enseignement primaire devenait obligatoire* pour toute la population. Jusqu'au niveau 7, les mathématiques et les sciences générales sont des matières obligatoires dans les écoles sud-africaines.

État actuel de l'éducation des femmes en Afrique du Sud

Selon David Atchoarena[154], il y a eu de grands efforts faits par l'État sud-africain pour la *discrimination positive* en faveur des femmes, mais, à l'heure actuelle, il est trop tôt pour tirer des conclusions sur le succès de ces politiques. Selon Jenni Karlsson[155], lors du séminaire « Suivre le processus de formulation des politiques d'éducation en Afrique du Sud de l'après-Apartheid », des mesures contre le vandalisme, les viols, les agressions, les rackets, les vols, entre autres, ont été décidées dans toutes les écoles, mais il est vrai que les moyennes d'inscriptions pour toutes les écoles restent encore disparates. Nous avons pu remarque dans son exposé qu'il existe encore des écoles des trois catégories (A, B et C), selon les moyens attribués pour assurer la sécurité, les plus pauvres étant les écoles de banlieue africaine comme à Soweto. Les chiffres qui suivent vont nous montrer l'état actuel des inscriptions.

---

[154] Atchoarena David et Delluc André, *Revising technical and vocational Education in Sub-Saharan Africa*, Paris, Unesco publishing, 2002.

[155] Karlsson Jenni, Séminaires stratégiques de l'IIPE (Unesco), lundi 8 décembre 2003.

Tableau n° 15 – Pourcentage d'étudiantes inscrites pour le Diplôme supérieur national des technikons en Afrique du Sud

Disciplines	Pourcentage des femmes inscrites dans les technikons en 1985	Pourcentage des femmes inscrites dans les technikons en 1993
Sciences naturelles	39,1	35,8
Sciences agricoles	26,8	28,4
Ingénierie	4,0	4,3
Architecture	19,5	15,5
Sciences sanitaires	56,3	57,4
Sciences sociales	36,6	52,7
Éducation	14,2	35,9
Commerce	31,5	30,3
Droit	22,0	45,4
Autres sciences humaines	69,1	63,7

Source : auteur.

Nous utiliserons le mot « discrimination » dans son sens politique, dans le sens de « l'auto-discrimination sociale » liée aux problèmes de sexe que nous avons étudiés antérieurement (gender issues). Entre 1985 et 1993, il y a une évolution positive des inscriptions féminine, non seulement au niveau de la participation mais également de la croissance du nombre de femmes dans les domaines dits « masculins » des sciences naturelles et appliquées.

Nous constatons que la mobilisation féminine pour les sciences sanitaires reste forte (56,3 % en 1985 et 57,4 % en 1993) tandis qu'elle un bond spectaculaire pour les sciences sociales (de 36,6 % à 52,7 %), et surtout pour l'éducation (de 14,2 % à 35,9 %). Pour les sciences juridiques, elle passe de 22 % à 45,4 %. Ceci prouve l'efficacité de la discrimination positive.

CHAPITRE 6

Programmes éducatifs

En restant dans le cadre de l'éducation comparée nous allons étudier les politiques éducatives de l'Afrique du Sud et du Zimbabwe et de leurs partenaires, qui les aident dans la formulation des politiques éducatives nationales. Les trois partenaires le plus importants pour les deux pays sont : les Nations unies (Unesco, Pnud, Unicef, USAID), le Commonwealth et les ONG.

Depuis leur création, en 1945, les Nations unies ont mis en œuvre plus de 500 conventions internationales s'appliquant aux droits de l'enfant ou à la protection des océans : parmi ces conventions figure *la* Convention de Pékin, en 1995, sur le statut des femmes. À l'issue de cette conférence internationale, plus de 100 pays s'engagèrent à renforcer le pouvoir social, économique et politique des femmes, à améliorer leur accès à la santé et à l'éducation, à promouvoir leurs droits civiques.

Si les écarts salariaux persistent, cela ne fait que renforcer les écarts dans les droits civiques et entraver la contraception ou l'avortement. Nous pouvons dire cependant que le statut des femmes est loin d'être équitable car, si nous prenons en compte leur part dans le pouvoir politique, leur dépendance économique, les maltraitances, violences qui s'exercent impunément dans de nombreux pays du monde, les inégalités entre garçons et filles pour entrer à l'école, le compte est très inégal. Bien que nous pensions que beaucoup reste à faire en faveur des femmes, cette mobilisation symbolique de Pékin de 1995 a porté ses fruits dans les deux pays de notre étude.

Quatre grandes institutions spécialisées de l'Organisation des Nations unies (l'Unesco, l'Unicef, le Pnud et la Banque mondiale) ont pris ensemble l'initiative d'organiser, à Jomtien (Thaïlande), une conférence sur l'Éducation pour tous[156]. Ce renforcement d'intérêt accordé à *l'éducation de base* traduit l'intention d'élaborer de nouvelles stratégies capables d'enrayer la dégradation observée dans la qualité et l'expansion de l'enseignement primaire, et dans l'éducation des adultes dans les pays en développement.

Les pays qui ont signé en 1990 la déclaration de Jomtien obligent en quelques sorte les gouvernements à considérer que l'éducation est importante pour faire progresser la situation des femmes. L'Afrique du Sud et le Zimbabwe adhèrent à cette convention. Conjuguée aux programmes du Commonwealth pour l'éducation des filles et des femmes, la déclaration de Jomtien met l'accent sur *l'enseignement primaire*, mais également sur des actions favorisant le développement de la petite enfance et sur une éducation de base pour jeunes et adultes. L'article 3 de l'Éducation pour tous indique que la priorité doit être donnée à l'accès des jeunes filles et des femmes à un enseignement de qualité par l'élimination des obstacles qui limitent leur participation active. C'est dans cette déclaration qu'il est clairement dit qu'il faut éradiquer les stéréotypes concernant les sexes.

Les conventions internationales signées lors des conférences mondiales reconnaissent les réalités sexistes mais n'ont aucun pouvoir contraignant. Cela relève de la politique éducative gouvernementale de chaque pays. Il faut donc suivre continuellement la mise en œuvre de ces accords. Le rôle des agences internationales de développement peut être utile dans ce cas pour encourager les pays à honorer leurs engagements. Elles peuvent par exemple prendre une mesure modeste, mais efficace, consistant à imprimer et à diffuser les principaux engagements en matière d'éducation pris à ces conférences.

Les bailleurs de fonds internationaux peuvent permettre de financer des partenariats pour la mise en œuvre au niveau national de programmes impliquant les organismes publics, les ONG, le secteur privé et les associations locales.

En Afrique australe et dans la région en général, les programmes d'alphabétisation des adultes sont axés sur la promotion de la santé. La création de ces programmes et le soutien qu'on leur apporte procèdent parfois d'une préoccupation précise, concernant, par exemple, la nutrition, la vie familiale ou le VIH/Sida. Ils peuvent aussi comprendre des activités ayant pour objectif de répondre à plusieurs besoins à la fois : ainsi, tel programme d'alphabétisation et d'apprentissage de l'autonomie, en Afrique australe, s'efforce d'aider les paysans sans

---

[156] Déclaration de l'Éducation pour tous.

terre, les jeunes et les femmes, et concerne aussi bien le planning familial et les activités génératrices de revenus que l'éducation et la santé. On utilise des mots clés comme « médecin », « vaccin », « nourriture », « médicament » ou « anémie » dans les cours d'alphabétisation. Ces mots clés servent ensuite à animer des débats sur la santé. Les manuels destinés aux alphabétiseurs contiennent des informations sur des problèmes de santé locaux tels que la malnutrition, les infections respiratoires et les gastro-entérites. Ils aident, d'autre part, les enseignants à organiser des discussions, à répondre aux questions des apprenants et à proposer des solutions à leurs problèmes.

I. PROGRAMMES NATIONAUX

Pour la plupart des pays étudiés, la formulation d'un programme complet et cohérent de développement de l'éducation, à partir d'un ensemble équilibré de mesures d'ajustement, de revitalisation et d'expansion sélective, sera une expérience nouvelle[157]. Chacun adoptera la voie qui lui paraîtra devoir être la sienne mais, souvent, le succès pourrait tenir au choix d'une démarche comprenant les éléments suivants :

- créer, pour superviser l'application de ce programme, une commission nationale assistée d'une équipe de spécialistes dont les membres, connus pour la solidité de leur jugement politique et leurs facultés d'analyse, seront choisis parmi le personnel des ministères des Finances, du Plan et de l'Éducation, ainsi que des établissements d'enseignement supérieur et des centres de recherche ;
- forger un consensus national en organisant des débats publics sur les premiers résultats et recommandations de la commission ;
- étudier l'expérience des autres avant d'établir son propre programme de développement éducatif ;
- disposer de crédits suffisants pour financer non seulement les frais de personnel de la commission, mais aussi son budget de fonctionnement, déplacements, communications, publications et services contractuels spécialisés tels que la collecte et le traitement des données, les conseils d'experts, la recherche et l'analyse.

Si une telle commission s'avère indispensable, nous souhaitons vivement que sur le budget de fonctionnement soit indépendant du

[157] Unesco, *Different theories and practices of development*, Paris, 1982.

budget de l'éducation, afin que celui-ci, déjà faible, ne soit encore amputé.

S'il est indispensable de préparer soigneusement ces programmes, c'est en dernier ressort la capacité d'exécution des pays qui sera déterminante pour leur réussite. L'amélioration de la gestion de l'éducation et de l'administration doit se lier à la réforme. La délégation de certaines fonctions administratives vers la périphérie peut considérablement améliorer la gestion et l'administration au niveau national. Certaines devront toutefois continuer à relever des administrations centrales, et il faudra veiller à ce qu'elles soient mieux exécutées. Mais c'est plus près de la salle de classe, au niveau des écoles et des circonscriptions scolaires, qu'il sera le plus difficile d'améliorer la gestion du système éducatif. Les responsables devront examiner comment il serait possible, sans faciliter les abus, de donner aux écoles et aux collectivités des pouvoirs accrus, afin qu'elles puissent se doter des moyens nécessaires pour transformer la salle de classe en lieu d'une transmission efficace du savoir.

Par ailleurs, les administrations centrales devront se préoccuper davantage de développer leurs propres capacités de gestion, notamment en matière de contrôle, de planification et d'analyse. Des améliorations sont à apporter aux systèmes d'examens (dont on a déjà parlé à propos des niveaux scolaires et de l'enseignement à distance), à la nature des informations statistiques et de comptabilité financière et à la promptitude de leur publication ainsi qu'aux effectifs et aux qualifications du personnel affecté aux travaux d'analyse. Les gouvernements qui sont résolus non seulement à formuler un programme de développement de l'éducation, mais aussi à le faire appliquer sans retard devront faire preuve d'imagination pour trouver une réponse au problème du recrutement à tous les niveaux du système éducatif.

Cependant, à partir du grade 8, les élèves choisissent eux-mêmes leurs matières, et seuls 60,9 % des élèves africains de ce niveau avaient opté pour les mathématiques en 1994. Dans la même année, seuls 32,8 % des élèves du grade 10 s'étaient inscrits en mathématiques, pourcentage très légèrement meilleur qu'en 1951 (27,1 %). Le taux d'inscriptions en mathématiques chez les filles baisse plus rapidement que chez les garçons, du grade 7 au grade 10. Les pourcentages de filles inscrites en 1994 aux grades 8, 9 et 10 étaient de 59,9 %, 40,7 % et 30,9 % respectivement, alors que, pour les garçons, ils étaient de 62 %, 43,9 % et 35,3 %. Les inscriptions en sciences physiques étaient pires. S'agissant des filles aux grades 8, 9 et 10, en 1994, elles représentaient

21,4 %, 19,2 % et 16 % respectivement, quand, chez les garçons, les pourcentages étaient de 25,1 %, 23,5 % et 20,9 % . Ces chiffres devraient être comparés à ceux enregistrés en sciences naturelles, où les pourcentages de filles étaient de 80,2 %, 81,8 % et 84,9 % et ceux des garçons, de 80,1 %, 81 % et 85,3 %[158].

II. Programmes des Nations unies en Afrique du Sud

Le gouvernement de l'Afrique du Sud, pays nouvellement démocratisé, a adopté des directives nationales pour l'éducation et la formation de base des adultes, laissant aux gouvernements provinciaux le soin de les mettre en œuvre en concertation avec les ONG, les universités et les entreprises. Cette approche apparaît extrêmement bénéfique pour les travailleurs noirs, qui étaient précédemment victimes de discrimination professionnelle, mais l'est moins pour les groupes les plus pauvres de la population, en particulier les femmes des zones rurales.

Les évaluations ont montré qu'environ 50 % des apprenants en étaient arrivés au point où ils étaient capables de lire correctement des textes simples. Parmi les bénéfices secondaires de ce programme, mentionnons une meilleure prise de conscience de la valeur de certaines pratiques (plantation d'arbres, vaccinations, faire bouillir l'eau avant de la boire, ...). Cependant, ce groupe de pays dispose de sources de financement plus diversifiées.

III. Programmes du Commonwealth (COL 2000)

Nous étudierons plus particulièrement le programme mis en œuvre par le Commonwealth au Zimbabwe et en Afrique du Sud dénommé COL 2000 (*Commonwealth of learning*), car c'est le plus répandu et celui sur lequel nous pouvons obtenir le plus d'informations afin d'en dresser un bilan.

> « Reconnaissant le savoir comme la clé du développement culturel, social et économique, le COL a pour objectif d'assister les gouvernements membres du Commonwealth à bénéficier pleinement des stratégies d'apprentissage « ouvertes » et à distance afin d'accroître et de favoriser un accès équitable à l'éducation et à la formation pour tous » (COL 2000).

---

[158] Unesco, *Access of Girls and Women..., op. cit.*

Les objectifs affichés sont donc ceux du développement durable, puisqu'il s'agit de briser le cercle de la pauvreté, de la misère et de la violence, grâce à l'accès pour tous au savoir, afin d'assurer des chances égales à la promotion sociale. COL 2000 est une organisation intergouvernementale, créée par les chefs d'État du Commonwealth afin d'encourager le développement et le partage des savoirs, des ressources et des technologies, dans le cadre des « écoles ouvertes » et à distance. L'enseignement à distance qui permet aux élèves d'acquérir des connaissances et compétences, grâce à des cours par correspondance, par radio ou par télévision, peut être très efficace. Si l'enseignement à distance n'existe pas encore pour le primaire, il convient à la formation initiale et au perfectionnement des instituteurs. L'amélioration de la qualité des instituteurs et l'accroissement de leur nombre aura des incidences positives sur l'accès à l'enseignement primaire.

Le terme « éducation » est polysémique, et le Commonwealth se réfère, avec ses programmes éducatifs, aux aspects : « formels », « informels », « non formels » que voici :

— Teacher Management and Support (TMS) en 1993 ;
— élaboration rapide de matériels de formation (élaboration sur place avec la population) ;
— développement de matériels de formation de base pour les Africains ;
— Stamp 2000 : Southern Africa Teacher Training Programme ;
— adoption de matériels locaux par des ministres de l'Éducation ;
— adaptation locale des matériels à utiliser dans le cadre de l'éducation ;
— Gender Policies in Southern Africa and Beyond.

La sensibilisation au problème des femmes intervient lors de l'élaboration de politiques telles que :

— la nomination des responsables politiques et communautaires ;
— la formation de juges et avocats, officiers de police, de services sociaux et de santé ;
— la formation des éducateurs et enseignants.

On peut également faire progresser la scolarité en la rendant moins dépendante des locaux. Le Zimbabwe a une expérience de la formation des enseignants en se servant des méthodes d'enseignement à distance. Les enseignants sont affectés immédiatement dans des écoles et formés progressivement au fil des ans. On ne peut se prononcer sur l'impact, l'efficacité et le coût relatifs de tels programmes, mais ces connaissances auraient des implications importantes pour l'accroissement de l'accès à l'éducation.

IV. PROGRAMMES DES ONG

Les ONG utilisent souvent l'enseignement primaire « non formel ». Les avantages qui résident dans ce genre d'enseignement sont les suivants : en Afrique du Sud et au Zimbabwe, il existe plusieurs types de cours, par exemple, le matin, les cours formels dispensés par l'intermédiaire de l'État, et, l'après-midi, les cours non formels, par les ONG. Parfois, les cours du matin et de l'après-midi dispensés par les ONG au niveau primaire donnent réellement un enseignement à un coût relativement modéré. Les ONG apportent une contribution significative lorsque le système éducatif normal subit des restrictions financières importantes, pour l'alphabétisation des femmes, par exemple. En faisant appel aux enseignants locaux, à des installations temporaires dans la communauté, à des contributions en nature des parents, les écoles primaires non formelles permettent d'atteindre les populations rurales dispersées dans des régions reculées.

Les femmes peuvent apprendre la couture, la dentelle, suivre des cours de cuisine exotique, à utiliser le savon en poudre ou tout simplement à faire la distinction entre leur pilule et le médicament de la diarrhée pour les bébés. À ce jour, dans les cours de l'après-midi, on dispense aussi les cours de santé pour la prévention du Sida. Ces programmes, pour la plupart, sont élaborés par les ONG qui les appliquent.

Le FAWE[159] cherche prioritairement à éradiquer les problèmes concernant les discriminations à l'égard des femmes, à convaincre la société, les pouvoirs publics, les donateurs et les ONG de la nécessité d'investir davantage dans l'éducation féminine, à soutenir les femmes dans l'administration, la recherche et l'enseignement afin qu'elles aient à leur tour un impact positif sur l'éducation des femmes, et à intégrer les études sur ces thèmes, dans les recherches universitaires, dans l'élaboration des programmes d'études et dans la recherche sur les politiques éducatives (FAWE, 1993). Il montre qu'un regroupement régional au niveau de nos huit pays d'étude peut être plus efficace que de traiter chaque pays à titre individuel.

---

[159] Le FAWE créé en juin 1993 est enregistré en tant qu'ONG régionale basée à Nairobi au Kenya. Il est composé de femmes ministres de l'Education, de présidentes d'université et d'autres femmes occupant de hautes responsabilités dans plusieurs pays d'Afrique.

1. LES ONG ET LA FORMATION D'ADULTES EN AFRIQUE DU SUD

Les entreprises privées financent et souvent organisent elles-mêmes beaucoup d'activités d'éducation des adultes, surtout quand il s'agit d'activités de nature à améliorer le niveau de connaissances et des prestations de leur personnel. Certains gouvernements offrent diverses incitations fiscales pour encourager de telles actions de formation et de reconversion de la main-d'œuvre. Cependant, pour ce qui est de l'éducation de base des adultes, la situation, dans les pays en voie d'industrialisation, est moins claire. Les données disponibles doivent être interprétées avec prudence.

De plus, le bénéfice de ces prestations éducatives est généralement limité à certains segments de la population. Une autre raison pour laquelle la situation de l'éducation de base des adultes est ambivalente est que, depuis les perturbations économiques des années quatre-vingt, le soutien qu'elle reçoit de la part des bailleurs de fonds diminue. Même s'ils affirment le contraire, beaucoup de donateurs ont été amenés à concentrer leurs ressources, en matière de financement et de programmes, sur la scolarisation des enfants dans l'enseignement primaire et l'éducation des adultes. On entend par ailleurs souvent dire que les programmes d'alphabétisation des adultes sont inefficaces et coûteux, accusations qui ne sont pas dénuées de tout fondement.

Il ne faut pas oublier aussi que des ressources considérables sont aussi investies à l'intention des enfants qui n'achèvent pas le cycle primaire, ou qui « survivent » jusqu'au terme de ce cycle sans en tirer parti. Par ailleurs, les causes habituelles d'inefficacité et de déperdition qui affectent les programmes destinés aux adultes et aux adolescents sont désormais suffisamment connues pour qu'on puisse les prévenir.

2. LES ONG ET LA FORMATION D'ADULTES AU ZIMBABWE

En partenariat avec les ONG, les entreprises privées financent et souvent organisent elles-mêmes beaucoup d'activités d'éducation des adultes, surtout celles susceptibles d'améliorer le niveau de connaissances de leur personnel. Le gouvernement offre diverses primes pour encourager de telles actions de formation et de reconversion de la main-d'œuvre.

Les données dont nous disposons prouvent d'autre part que, si, en chiffres absolus, la population mondiale d'adultes analphabètes ne diminue pas, ce n'est pas parce que les programmes d'éducation des adultes sont inefficaces mais parce que le bassin d'analphabètes est sans cesse alimenté par de nouveaux arrivants, dont beaucoup ont fréquenté au moins quelque temps l'école primaire.

Les bailleurs de fonds justifient aussi leur réticence à financer les programmes d'alphabétisation des adultes par des raisons qui tiennent à la dimension de ces programmes et aux modalités de leur contrôle financier, ainsi que par des doutes quant à leur qualité. Il s'agit souvent de petites structures et, dans bien des cas, les organisations non gouvernementales qui les gèrent connaissent mal le terrain. En outre, les procédures comptables généralement admises n'ont pas de crédibilité auprès des administrations publiques. La qualité des programmes est très variable et nécessite une harmonisation.

Au Zimbabwe comme en Afrique du Sud, l'éducation des adultes relative aux *questions démographiques* peut être dispensé dans les endroits les plus divers : lieu de travail, coopérative, club (Kirabu), centre d'hygiène et de santé, etc. Nous verrons ultérieurement une étude de cas au Zimbabwe sur ce type d'enseignement dispensé par les ONG.

Un des aspects positifs de l'action éducative relative aux questions démographiques est l'adaptation du contenu éducatif aux centres d'intérêt et aux besoins des apprenants. La plupart d'entre eux sont des jeunes entrant dans la vie active. Le cycle des événements de l'histoire génésique constitue donc un thème intéressant pour l'organisation d'interventions éducatives. Coordonner de telles interventions en vue de satisfaire le mieux possible et en temps utile les besoins des adultes constitue un défi majeur qui ne peut être relevé qu'avec la participation conjointe des ministères de l'Éducation, de la Santé, du Travail, de l'Agriculture et d'organisations non gouvernementales, chacun d'entre eux y contribuant à différentes phases du cycle.

Un des objectifs de notre étude est de trouver des solutions aux problèmes d'inégalités de chances d'inscription des filles et des femmes, ainsi qu'à celui de l'abandon précoce de l'école. Des centres de formation professionnelle doivent être créés. Dans certains cas, il faut substituer le travail féminin au travail masculin. Les organisations féminines et les autres agences non gouvernementales devraient élaborer des programmes de formation qui s'ajouteraient aux efforts des gouvernements. Elles pourraient aider à la lutte contre l'analphabétisme, œuvrer à l'élévation du niveau d'instruction en général. Il faut aussi veiller à l'attribution de bourses d'études.

a) Programme Kirabu d'alphabétisation

Il concerne la région de Mashonaland East. Mutoko.

Le lieu : All Souls Mission, Rukau School.

Les villages concernés : principalement, les villages de Chabvuta, Gadzai, Nyawasha, Manyenga, Mutanga et d'autres villages aux alentours.

Nombre de femmes : une cinquantaine en deux groupes ; il est à noter que les filles sont séparées des femmes mariées pour éviter les tabous lors des discussions des projets sur le VIH/Sida, par exemple.

Fréquence : deux fois par semaine : le mardi et le vendredi après-midi, en été, et seulement le vendredi après-midi, pendant la période de cultures – le vendredi après-midi = *chisi*, jour férié réservé au roi, *Mhondoro*, les gens ne doivent pas travailler dans les champs. Les femmes profitent de ce jour pour aller au club connu sous le nom de Kirabu.

Les conditions d'inscription : toutes les femmes et les jeunes filles âgées de plus de 15 ans disponibles les jours des réunions sont admises sur la liste d'inscription scolaire. La formation et l'alphabétisation prennent en compte leurs acquis et leurs connaissances préalables. L'alphabétisation se fait dans la langue maternelle, le shona, et l'enseignement de l'anglais se limite à un niveau très bas : des salutations et quelques phrases d'utilité pratique, par exemple, savoir lire les notices en général en anglais (la langue officielle du Zimbabwe).

Objectif : faire participer librement les filles et les femmes à des programmes de formation initiale, le but n'étant pas de les faire lire et écrire en un temps court et limité (six mois, par exemple) mais de les faire sortir de la maison pour faire quelque chose qui les intéresse. En revanche, en ce qui concerne la couture, la formatrice essaye de faire en sorte que chaque femme ait terminé de coudre sa propre robe à la fin de l'année. Il n'y a pas de redoublement dans cette structure, où l'on apprend pour apprendre aux autres. Ceux qui savent lire deviennent des tuteurs, avec l'aide de la formatrice, pour les nouveaux. Chaque année, les mêmes cours sont repris avec des innovations afin d'éviter d'ennuyer les anciens.

Programmes : non formels et informels ; les programmes ciblent plusieurs points : l'alphabétisation, l'apprentissage de la lecture, l'anglais de base, les chants, la valorisation du milieu culturel en insistant sur l'éducation civique comme initiation aux *droits* contre les *violences domestiques*, la cuisine, la couture, le crochet, la santé, l'hygiène, le sport (basket)[160]. La participation à d'autres activités sociales est encouragée.

---

[160] Net-ball = *bhora*.

TABLEAU N° 16 – EXEMPLE DES VOCABULAIRE CIBLÉS

Anglais	Shona	Traduction en français
Take two tablets per day	Torai mapiritsi mairi pazuwa	Prendre deux pilules par jour
Where is the hospital ?	Chipara chiri kupi nepano ?	Où se trouve l'hôpital ?
The child has got diarrhoea	Mwana ane manyoka	Le bébé souffre de la diarrhée
It costs ten dollars	Mutengo wacho igumi remadhora	Cela coûte dix dollars
Can you show me your « identity card » please ?	Mungandiratidzewo « chitupa » chenyu here ?	Vos papiers s'il vous plaît ?
Can I have some water to drink please ?	Ndingawanewo mwura yekunwa here ?	Puis-je avoir de l'eau à boire s'il vous plaît ?

Source : auteur.

Certains cours sur l'environnement sont animés par les femmes sous forme d'exposés, dans les programmes de formation. La formation des formatrices s'effectue de façon continue. Les deux groupes ont été mis en place grâce à la contribution des ONG et de la Croix-Rouge. Nous n'avons pas réussi à connaître les montants financiers qui leur sont alloués.

Cette formation a certainement un impact sur le programme de l'école primaire, car, grâce à l'alphabétisation des mères, les enfants s'intéressent plus à l'instruction et ont leur aide pour leur devoirs scolaires. Cette formation développe des relations plus étroites entre l'école et la communauté.

Ces programmes éducatifs des ONG sont très efficaces comme forme alternative d'enseignement pour les jeunes filles, qui abandonnent leur scolarité prématurément. Les programmes s'adaptent aux besoins spécifiques (comme nous l'avons vu antérieurement) et leur souplesse sont un atout colossal. Étant donné que les ONG touchent de larges couches des communautés, ces groupes de rencontres sont utilisés pour véhiculer les messages à d'autres femmes qui n'ont pas la possibilité d'assister aux cours pour diverses raisons. Les femmes qui ont suivi l'enseignement primaire peuvent, en collaboration avec les formatrices, dispenser quelques cours dans les programmes d'enseignement primaire non formel.

Le groupe de Rukau School (*homecraft*) existe depuis une trentaine d'années : selon une institutrice retraitée[161] qui a enseigné dans ce

[161] Stella Chikukwa Shongedza.

groupe pendant une vingtaine d'années, il y a trois points essentiels à retenir en ce qui concerne la formation non formelle :

- Elle doit être souple et assez riche dans son contenu pratique, afin de pouvoir être utilisée facilement par les femmes.
- Il faut montrer aux adultes qu'il existe une différence entre la méthodologie de l'enseignement à l'intention des enfants et celui destiné aux adultes pour ne pas les décourager. La formatrice doit se fondre dans le groupe pour en assurer la cohésion.
- Le « revolving[162] » concernant le programme doit être adapté tous les ans et préparé différemment avec une véritable participation des femmes enseignées.

b) Programme Nessi : Domaine de la santé

Il concerne lui aussi la région de Mashonaland East.

Le lieu : All Souls Mission, Rukau School (cela se passe dans l'hôpital de la mission).

Public cible : principalement, les gens des villages des alentours dans un rayon de 50 km, sans discrimination religieuse (mais environ 90 % des personnes interrogées s'avèrent être catholiques), et les femmes des fonctionnaires de la mission, qui sont pour la majorité à l'heure actuelle des infirmières qualifiées ou formatrices.

Nombre de femmes : une dizaine par an. Grâce à des subventions des ONG et de la Croix-Rouge en particulier, les élèves sont inscrites à la formation gratuitement, elles sont logées et nourries par la mission pendant toute la période de la formation, qui varie entre un an pour les aides-soignantes et trois ans pour les infirmières et les sages-femmes. Un nombre réduit de garçons suivent ces cours mis en place grâce à la discrimination positive. Nous ne disposons pas des chiffres définitifs des garçons qui ont pu suivre ce cours car ces subventions sont vraiment faites pour les femmes.

Objectifs :

1) Former des femmes qui savent lire et écrire aux métiers du paramédical.

2) Former des femmes qui ne maîtrisent pas bien l'écriture et la lecture au métier d'aide-soignante. Ces femmes vont ensuite être des référents dans leurs villages natals pour des enquêtes relevant du domaine de la santé ou autre, car on les appelle les *Nesi* (*nurse*, infirmière) même si elles n'ont suivi que les cours d'aides-soignantes.

Personne à contacter pour renseignement : Mukoma Victor Kuona[163].

---

[162] Opérations de fonds renouvelable de la Croix-Rouge.

Programmes : Formels et non formels. Ils sont *formels* dans la mesure où les cours sont dispensés par les sœurs catholiques et d'autres infirmières qualifiées pour la formation. Mais aussi *non formels* dans la mesure où ils manquent de structures définies avec des normes institutionnelles et que le diplôme obtenu n'est pas reconnu à l'échelle nationale.

Il y a un décloisonnement des ateliers entre le groupe de Rukau School et les élèves de la Croix-Rouge et l'école de All Souls Mission, pour les cours sur la santé, surtout pour les cours sur les méthodes de prévention du VIH/Sida. Le groupe de Rukau School profite des cours de la Croix-Rouge sans être vraiment subventionné par cet organisme.

Résultats : les résultats sont encourageants quand il y a collaboration entre le gouvernement et les ONG, pour la conception des programmes d'éducation générale, sanitaires, nutritionnels, relationnels entre hommes et femmes, améliorant l'éducation des filles et des femmes. Les programmes d'éducation non formelle gérés par les ONG sont moins coûteux car ils ont des enseignants moins qualifiés, ils utilisent les locaux existants et sont généralement soutenus par la communauté (sous forme de mise à disposition de locaux notamment mobilier et équipement scolaire). Dans le cas de notre groupe du Zimbabwe, les locaux pour l'après-midi ne sont pas essentiels, car les cours se déroulent très souvent à l'ombre des grands arbres (mukuyu, par exemple). Certains de ces programmes d'éducation non formelle sont également soutenus par des agences internationales pour le développement, ce qui se traduit par une aide supplémentaire au budget national de l'éducation.

Aux yeux des apprenants, les programmes d'enseignement primaire non formel n'ont pas autant de prestige que ceux des écoles formelles, mais leurs résultats sont dans certains cas équivalents. Les cycles non formels sont plus courts et ne donnent pas lieu à la délivrance d'un diplôme, mais débouchent souvent sur un savoir-faire pratique. Leur objectif est de répondre aux besoins des populations qui ne bénéficient pas de l'école publique. Le fait que beaucoup de ces écoles d'éducation non formelle puissent fonctionner dans des villages de proximités aussi bien que dans des villages au fond de la brousse est capital ; il permet à beaucoup de filles et femmes, qui n'ont pas les moyens de parcourir de longues distances, de bénéficier d'un enseignement.

Les écoles d'éducation non formelle sont considérées comme un enseignement de bas niveau, dans ce cas, les gouvernements doivent

---

[163] Administrateur à l'hôpital de All Souls Mission.

prendre le relais pour que la scolarité se poursuive dans d'autres écoles. Les femmes, quant à elles, n'ont pas de limite d'âge pour suivre ces cours : tant qu'elles ont le temps, elles peuvent suivre les cours non formels et informels organisés par les ONG à volonté. Face aux bons résultats obtenus chaque année, la question est de savoir s'il serait efficace de mettre en place de tels groupes partout dans le pays pour l'épanouissement des femmes sans chercher à leur donner de diplômes.

c) Programmes d'enseignement à distance

Au niveau secondaire et, plus tard, dans le supérieur, la plupart des pays devront accroître les effectifs d'étudiantes dans certaines matières dès qu'auront été mises en place les mesures appropriées d'ajustement et de revitalisation. Pour absorber ces augmentations d'effectifs aux niveaux post-primaires, la plupart des pays devront envisager d'adopter, parallèlement aux structures scolaires, des formes de prestation de services éducatifs qui obligent l'élève à prendre lui-même davantage en charge son éducation. L'introduction de ces programmes dans les cours par correspondance et d'autres supports comme la radio constitue des priorités éducatives à l'échelle nationale.

La formation des professionnels pour ce média doit être renforcée. Elle doit être dispensée aux sortants de l'école et devra être conçue de telle manière que chacun puisse acquérir les aptitudes nécessaires au métier qu'il souhaite exercer et se recycler ensuite durant sa vie professionnelle au fur et à mesure de l'évolution des conditions du marché.

CHAPITRE 7

Perspectives

Nous analyserons dans ce chapitre les perspectives de promotion de l'éducation des femmes au Zimbabwe et en Afrique du Sud, les perspectives locales et nationales avant de proposer des suggestions générales.

I. PERSPECTIVES DE PROMOTION DE L'ÉDUCATION DES FEMMES AU ZIMBABWE ET EN AFRIQUE DU SUD

1. AU NIVEAU SOCIOÉCONOMIQUE

Le Zimbabwe et l'Afrique du Sud connaissent des inégalités importantes et des contrastes au sein de la population : une proportion importante de « Sans-Terre[164] » et un petit nombre de propriétaires de vastes domaines spécialisés dans l'agriculture intensive ; un nombre important de personnes pauvres ou très pauvres, habitant dans les « réserves », voisinant des personnes très riches, habitant dans des « latifundia », très grandes fermes, qui possèdent 80 % de la terre cultivable. Les Sans-Terre cumulent les inégalités sociales, ils sont relégués sur des terres infertiles et, par conséquent, sont les plus pauvres et ne peuvent ni se soigner, ni s'instruire[165].

[164] Les autochtones noirs chassés de leurs terres ancestrales et qui se sont vus octroyer de petites parcelles peu arables dans des réserves ne permettant que des cultures vivrières.

[165] Ceci explique en grande partie, sans les excuser, la chasse aux fermiers blancs qui sévit au Zimbabwe depuis quelques années.

2. AU NIVEAU DE LA POLITIQUE ÉDUCATIVE

De façon générale, nous nous interrogerons sur les effets des programmes pédagogiques dans les deux pays. En effet, la politique éducative, en essayant de réduire quelque peu les inégalités économiques, sociales et environnementales, ne serait-elle pas un moyen efficace d'éviter des fractures sociales plus importantes ?

Les propositions pour les politiques éducatives peuvent se résumer ainsi : les financements, les préparations, les contrôles de l'utilisation des subventions et des résolutions, et finalement l'enseignement. il s'agira donc de :

— cibler les populations qui ont besoin de l'éducation/scolarisation ;
— faire des campagnes pour promouvoir l'éducation des filles ; produire des soutiens sous forme de bourses et d'allocations aux parents ;
— encourager les approches qui abordent simultanément l'offre et la demande, car l'éducation des filles est limitée par divers facteurs, qui sont liés entre eux et situés au niveau de la famille, de l'école, de la communauté et de l'administration,
— solliciter les ONG pour des missions sur le terrain, la plupart des bonnes initiatives ayant été conçues et gérées par elles ;
— persuader l'État de travailler auprès des collectivités locales et d'accepter leurs initiatives, même si l'efficacité de leurs interventions reste encore à prouver ;
— adapter les programmes de formation disponibles aux problèmes complexes de l'éducation des filles et à la situation environnementale.

3. AU NIVEAU ENVIRONNEMENTAL

Il s'agira également de mettre en évidence les mécanismes dès le moment où un problème environnemental est détecté pour y apporter une solution, tant aux niveaux local, régional que national. Les bilans nationaux et internationaux sur l'état de l'environnement réalisés par OCDE, en 1991, convergent quant au diagnostic et aux tendances. En Afrique comme dans le monde, les grandes préoccupations actuelles concernent l'effet de serre, la pollution de l'air, urbaine et transfrontalière, les ressources en eau tant en qualité qu'en quantité (ceci étant le problème majeur à résoudre en Afrique australe).

Nous assistons à la dégradation des sols, à la diminution de leur fertilité, à la mauvaise gestion des ressources forestières, faune et flore sauvage, et, en dernier lieu, à une absence complète de gestion des déchets. Il y a donc nécessité à élaborer des politiques économiques adaptées à la réalité du terrain de chaque pays.

II. PERSPECTIVES LOCALES ET NATIONALES

La proximité joue dans nos pays un rôle clé en raison de plusieurs facteurs : ressources humaines locales quasiment sans influence au-delà du milieu local, réseau complexe de contacts, notamment informels, entre les acteurs locaux. *L'éducation*, qui se réduit de plus en plus à l'apprentissage généralisé de savoirs basiques déculturés, a amené à l'érosion des savoirs locaux, le plus souvent oraux, qui ne sont plus transmis de la même manière qu'au début du siècle dernier, voire négligés et abandonnés. Que peut-on faire à ce sujet ? Il existe un décalage entre ce que l'on sait au niveau national des problèmes qui affectent l'éducation des filles et les comportements au niveau local. C'est en collaborant plus avec les autorités locales qu'on arrivera à les réduire. Le NEPAD[166] souligne qu'il y a plusieurs manières de résoudre les problèmes par les moyens éducatifs mais ce qu'il faut faire à titre obligatoire est :

- identifier les problèmes qui se posent en priorité dans un système éducatif ou un lieu donné au niveau local ou régional ;
- impliquer dans l'élaboration des programmes éducatifs des acteurs au niveau local : les parents, les enseignants, les élèves plus âgés, les administrateurs de l'enseignement et les dirigeants de la communauté qui connaissent mieux la situation locale ou communautaire.

Par exemple, au Zimbabwe, dans la région de Chinamhora où l'on cultive les tomates pour la ville de Harare, il est souhaitable, d'après les parents, que les enfants ne fréquentent l'école que le matin pour qu'ils puissent aider leurs parents les après-midi.

En raison du rôle social attribué à chaque sexe, les femmes ne s'engagent pas dans les professions scientifiques et de l'ingénierie : on s'attend à ce qu'elles fassent des études courtes d'enseignement ménager ou de secrétariat, et qu'elles s'engagent dans des carrières qui semblent mieux adaptées aux fonctions réservées aux femmes, comme l'entretien et la gestion de la maison. Soutenues de la conception qui

---

[166] Mucavelé F., « New Partnership for Africa' Development », Unesco, 10 septembre 2003.

prévaut au sein de la société renforcée dans les écoles, les filles perçoivent les fonctions d'institutrice, d'infirmière, de secrétaire, de dactylographe, de cuisinière, de couturière et de bibliothécaire comme étant les « meilleures » pour les femmes, car ces métiers sont faciles et requièrent une touche féminine.

R. Gordon[167] souligne que le problème tient, en partie, au fait que les programmes destinés aux filles et aux garçons ont, pendant longtemps, été différents, engendrant la scolarisation dont nous disposons actuellement. Au niveau de l'enseignement technique et professionnel, par exemple, les garçons sont censés étudier la métallurgie, la menuiserie, l'agriculture, le dessin industriel et le bâtiment. – matières masculines aux yeux de tous. Les filles, quant à elles, optent pour les arts managers et les matières littéraires. Par ailleurs, dans les programmes scolaires, les *gender issues* ne sont pas du tout traitées.

L'enseignement et les matériels didactiques reproduisent les discriminations fondées sur le sexe, ainsi que le montrent quelques études de C. Marira[168] (1991) : son analyse des manuels de langue anglaise du niveau primaire permet de conclure qu'ils reproduisent les préjugés basés sur le sexe et qu'ils utilisent un langage sexiste qui, dans 81 % des cas étudiés, favorise les garçons. Dans les textes, les femmes, le plus souvent étaient décrites comme effectuant des tâches telles que la cuisine, la couture, alors que les garçons étaient représentés en ouvriers du bâtiment, menuisiers, agriculteurs, commerçants, policiers et médecins.

Les perspectives éducatives régionales peuvent découler des perspectives du développement local mais celle qui apparaît la plus intéressante est la scolarisation des filles et des garçons. Notre étude sur l'impact *des* facteurs socioculturels sur la fertilité et la mortalité et la migration au Zimbabwe[169] fournit un cadre analytique qui permet de mieux comprendre les facteurs au niveau de la famille, de l'école, de la communauté et de la nation qui influencent la participation *féminine* dans l'éducation. Quand on examine l'influence de chaque facteur sur l'éducation, il est possible d'identifier lesquels parmi eux pose un vrai problème pour pouvoir élaborer des politiques éducatives efficaces.

---

[167] Gordon R., « Causes of Girls' Academic Underachievement », Harare, 1995 *Occasional Paper* n° 7, HRCC, université du Zimbabwe.

[168] Marira C., « Gender Issues in Zimbabwe's two main English language textbooks in the primary schools. Zimbabwe », *Journal of Education Research*, 1991.

[169] Shongedza I., « *The Impact of Socio-cultural Factors on Fertility, Mortality and Migration in Zimbabwe* », Unesco, novembre 2000.

Reprenons Marie-France Lange[170] :

> « À côté de l'école *officielle* ou *classique* se maintiennent et se transforment d'anciens modes de transmission des savoirs ou se créent de *nouvelles écoles* qui se dérobent volontiers à l'autorité des États. »

En d'autres termes : il faudrait créer des « écoles pour tous » dans le cadre associatif et communautaire. Les publications de cet auteur consacrées à l'éducation des filles montrent qu'il existe une complexité et une interdépendance des facteurs entravants, imbriqués dans les problèmes socioculturels. Au niveau régional, les problèmes des pays de la région d'Afrique australe sont presque identiques à ceux des autres pays en voie de développement mais sont aussi spécifiques. Ainsi les solutions doivent refléter cette singularité.

III. Suggestions générales

Il existe un nombre croissant d'analyses intéressantes des stratégies appropriées à l'éducation des filles. Nos propositions, après avoir analysé celles déjà esquissées par d'autres chercheurs, sont les suivantes, sur le plan des possibilités nationales :

- construire des écoles peu coûteuses avec l'aide bénévole des parents d'élèves ;
- améliorer l'environnement scolaire pour promouvoir l'éducation dans le cadre du développement durable ;
- former plus d'enseignants, en coopération avec les gouvernements du Zimbabwe et du Malawi ;
- réécrire les manuels scolaires pour éviter les préjugés à l'égard des filles et encourager les filles à choisir les matières d'études sans se dire : « *Girls cannot think as boys do* » (Les filles ne réfléchissent pas comme les garçons[171])

L'appel « construire les écoles pour tous » semble utopique à première vue mais, en réfléchissant bien sur les mécanismes de construction des bâtiments, nous comprenons qu'il y a beaucoup d'argent provenant des bailleurs de fonds qui pourrait être mieux utilisé pour scolariser tous les enfants s'il était équitablement redistribué. Le

---

[170] Lange Marie-France, « École et mondialisation », *Cahiers des études africaines*, éd. EHESS, 2003.

[171] Sweetman Caroline, *Socialising children through the Zimbabwean school system. Gender, Education and Training*, éd. Oxfam, 2000, p. 53.

problème réside, entre autres, dans la gestion de ces fonds. Nous rappelons qu'une commission de surveillance serait la bienvenue. Le niveau scolaire atteint par les Bantous est bien inférieur, depuis les débuts de la colonisation, à celui des Européens d'Afrique australe : leurs difficultés tiennent-elles au mode de vie ? La question de savoir s'il faut dispenser un enseignement spécifique à cette communauté, à l'instar de celui qui existe pour les Khoikhoi et les San, se pose alors.

Notons cependant que, même s'ils réussissent moins bien à l'école que les Européens, les résultats des agro-pasteurs sont nettement meilleurs que ceux des Khoikhoi et surtout des San. Ce constat nous conduit à nous interroger sur le rôle d'une éventuelle proximité entre l'éducation prodiguée aux jeunes agro-pasteurs et l'enseignement dispensé dans le cadre de l'école européenne : la spécialisation des fonctions et des initiations chez les Bantous ne prédisposerait-elle pas mieux les jeunes à l'intégration dans les écoles formelles ?

Cette question mériterait certainement d'être approfondie. Quoi qu'il en soit, nous voyons une fois de plus que le problème de l'éducation, notamment celui de la femme, ne peut pas donner lieu à une réponse monolithique : de très nombreux facteurs interviennent pour favoriser l'éducation des hommes plutôt que celle des femmes (même si nous rencontrons parfois l'inverse) mais également certains groupes culturels ou sociaux échouent plus massivement que d'autres, et la formation informelle se développe plus dans certains pays que dans d'autres : pourquoi ?

1. Suggestions pour l'évolution future de l'éducation des adultes adaptée à l'environnement

En vue de faire progresser le développement de l'éducation des adultes en accord avec l'environnement, des actions devraient avoir lieu dans l'avenir dans les domaines suivants : la formation des éducateurs aux projets d'éducation environnementale ; la publication et la distribution de matériels pédagogiques, de circulaires et d'articles théoriques ; les échanges internationaux d'éducateurs ; le renforcement des liens des enseignements avec l'Université ; le développement de capacités de mise en réseau électronique, l'organisation de cercles d'études non formels, d'universités et de séminaires d'été ; les projets de recherche destinés à poursuivre l'étude des relations humanitaires en vue de renforcer la pratique éducative ; le soutien aux initiatives et aux savoirs féminins dans le domaine environnemental ; le renforcement des liens entre les éducateurs d'adultes et les groupes environnementaux.

L'éducation environnementale des adultes est un facteur de développement durable. Les conséquences de la catastrophe de Tchernobyl, l'asphyxie de la mer d'Aral, la désertification galopante des déserts avec leurs cortèges de victimes humaines, animales et végétales, pour ne citer que ces exemples universellement connus, confirment cette conviction. Éducateur, l'adulte lui-même a besoin d'améliorer ses compétences en matière d'environnement afin de mieux contribuer, dans le cadre de l'éducation permanente, à la sauvegarde écologique de sa terre. L'éducation environnementale des adultes doit aider à rapprocher les peuples au-delà des clivages socioprofessionnels, religieux ou ethniques.

2. Suggestions sur les structures éducatives

Les structures éducatives constituent le deuxième élément d'une stratégie de l'éducation bien conçue. Il faudra mettre à nouveau l'accent sur les éléments fondamentaux des systèmes d'éducation et de formation afin d'optimiser leurs capacités actuelles. Des mesures peuvent être nécessaires au rétablissement de la qualité : les responsables de l'éducation doivent réaffirmer leur attachement au respect des moyens d'évolution, notamment en renforçant les systèmes d'examen. Ce qui importe, en outre, est le fait que les élèves disposent d'un minimum de manuels et autres fournitures scolaires. Il faudra augmenter les crédits de fonctionnement et d'entretien des locaux et des équipements, et augmenter le budget de formation du personnel, afin de mieux utiliser ce « capital humain ».

3. L'expansion sélective des services éducatifs

L'expansion sélective des services éducatifs représente un autre volet de la stratégie de développement durable dans l'éducation. Dans tous les cas, il faudra que des efforts soient mobilisés pour sauvegarder la qualité du personnel enseignant à tous les niveaux. Cette relance vise à réaliser l'objectif à long terme de *généralisation de l'enseignement primaire*. La démocratisation de l'accès à l'enseignement primaire devra demeurer prioritaire pour la plupart des pays. Mais on ne pourra continuer à récolter, comme dans le passé, les bénéfices économiques et sociaux de cet investissement qu'à condition de combattre en même temps la maladie et la malnutrition chez les jeunes enfants.

4. Recherche et formation post-universitaire

La préparation du futur exige des moyens pour développer les talents intellectuels nécessaires aux postes les plus élevés de la hiérarchie *scientifique* et *technique*, dans les établissements d'enseignement, dans *l'administration* et dans le *secteur privé*. Ici, comme dans le cas des programmes d'enseignement à distance, les économies d'échelle joueront probablement un grand rôle, et il sera difficile de les réaliser pleinement, à l'intérieur d'un seul pays, même le plus grand et le plus riche. Avant tout, il convient d'optimiser les ressources humaines et matérielles, avant de faire intervenir les bailleurs de fonds.

Conclusion

L'offre d'éducation n'est pas encore en mesure de faire face à la demande : un grand nombre de filles et de garçons n'ont pas accès à l'école ou n'y restent que pendant quelques années. Que les conditions soient satisfaisantes ou non, les filles rencontrent davantage de difficultés que les garçons pour accéder à l'école et pour achever leur scolarité. Ce problème prend toute son ampleur dans le secondaire mais surtout dans le supérieur.

Considérer que le rôle principal de la femme est celui de mère engendre le contrôle des désirs et des choix des femmes. Un certain nombre de facteurs créent des obstacles à la scolarité des filles, la distance des femmes par rapport à la scolarité n'est pas seulement physique, elle est également psychologique et peut être un élément dissuasif majeur.

L'éloignement de l'école suscite la crainte des parents que leurs filles soient victimes de violences sexuelles sur le trajet de l'école, ce qui les dissuade facilement de les y envoyer.

Le mariage précoce des filles reflète tout cela : plus la société exerce un contrôle sexuel strict sur les femmes, plus elles se marient jeunes. Malheureusement, les pratiques de mariage précoce pour les filles signifient généralement un mariage avec un homme plus âgé, et la différence d'âge institue une subordination. Leurs possibilités de poursuivre des études et de trouver un emploi sont sérieusement limitées par leur absence de pouvoir et un grand nombre d'enfants. Les conceptions sociales courantes concernant la maternité et la vie familiale affectent les choix de carrière des jeunes filles. En cherchant à s'y conformer, elles évitent les domaines perçus comme masculins, à savoir les métiers techniques et scientifiques, ou qui sont éloignés de leur domicile, ou encore ceux dont les heures de travail sont incompatibles avec la routine familiale, ainsi que ceux qui nécessitent de prendre des décisions importantes (par exemple, responsabilités politiques et administratives).

Les femmes se cantonnent donc dans quelques disciplines. Au niveau universitaire, elles sont sous-représentées dans les domaines techniques et scientifiques et elles subissent ensuite une ségrégation professionnelle.

Dans certaines sociétés, les filles reçoivent des messages contradictoires sur le plan de la sexualité. Alors qu'on encourage les garçons à avoir des relations sexuelles, on attend des filles qu'elles se restreignent dans ce domaine, tout en se rendant physiquement attirantes. La société ne leur offre que peu de soutien et de protection à cet égard. Ce problème se rencontre souvent dans les pays africains, où la grossesse est l'une des raisons les plus fréquentes que donnent les filles pour abandonner l'école. En Afrique, environ 18 % des femmes entre 15 et 19 ans ont un enfant tous les ans[172].

Dans les familles pauvres en particulier, la perte de la contribution des filles au travail ménager est largement compensée par les avantages futurs qu'elles représentent pour la famille en devenant un membre de la famille de leur mari, favorisant des décisions peu propices à leur éducation. Ces décisions rationnelles se fondent sur une logique qui considère les femmes comme des personnes secondaires, subordonnées au service de la famille pour assurer le travail ménager.

Des statistiques montrent que, lorsque les possibilités de scolarisation se sont accrues, ce sont les garçons qui en tirèrent le plus profit, sauf dans les cas du Lesotho, du Swaziland et du Botswana. Autrement dit, les mesures prises pour permettre aux filles de surmonter les obstacles familiaux et culturels s'avèrent insuffisantes et génèrent des formes d'inégalité encore plus importantes. C'est un enjeu majeur pour les politiques éducatives qui mérite d'être pris en considération. Il y a certes de multiples inégalités dans la société, mais elles ne justifient pas celle qui existe entre les hommes et les femmes. Le problème auquel sont confrontées les femmes dans leur pays et dans leur communauté ne se limite pas au niveau économique. En fait, la situation des femmes sur le plan socioéconomique et politique est dépendante de la classe sociale et de l'origine ethnique.

Les femmes représentent légèrement plus de la moitié de la population, elles ne constituent donc pas une « minorité » en termes quantitatifs. Mais les idéologies reproduisant les inégalités entre sexes sont répandues dans la société et se manifestent dans de multiples situations de la vie sociale.

---

[172] Massimo Livi-Baci, *A concise History of World population*, 3e éd., Blackwell, Massachusetts, 2001.

Dans certains pays, le niveau économique joue plus sur les effectifs que le sexe, notamment au niveau de l'enseignement secondaire et universitaire. De même, l'écart entre zones urbaines et rurales des effectifs féminins et masculins est important. Bien entendu, ces disparités sont liées aux inégalités économiques et au modèle de développement durable sur le plan national. Il ne faut pas ignorer ces dynamiques, qui doivent faire l'objet d'un dialogue continu concernant l'égalité et l'équité sociale, mais ce serait une grave erreur de considérer le problème des inégalités entre les sexes comme mineur et de le reléguer au second plan.

Apres notre étude comparée de l'Afrique du Sud et du Zimbabwe, nous constatons qu'il y a une disparité entre le nombre des femmes instruites dans ces deux pays. Dans les écoles, aux niveaux primaire, secondaire et même dans le supérieur et le technique, nous constatons qu'il y a plus de femmes instruites en pourcentage en Afrique du Sud qu'au Zimbabwe. En comparant les écoles historiquement réservées aux Blancs (A schools) aux écoles africaines en ville (B schools) et à la campagne (C schools) au Zimbabwe et en Afrique du Sud, nous trouvons des résultatss similaires. Il y a donc autre chose que le seul problème racial pour entraver l'éducation de la femme. Les deux pays ont subi la ségrégation raciale, ils partagent la même histoire et ont la même langue officielle, comment se fait-il alors qu'en Afrique du Sud les femmes soient plus instruites qu'au Zimbabwe ?

Les questions socioculturelles semblent être le problème le fond de l'éducation des femme, plus encore que les moyens mis en place par les deux gouvernements, les ONG ou le Commonwealth. Dans ce cas précis, nous voyons que, malgré l'Apartheid, le gouvernement de Pretoria a mis en place les moyens minimaux pour l'instruction de sa population blanche, métisse et noire, ce qui a renforcé la croissance de l'éducation de *toutes* les femmes en Afrique du Sud.

Nous avons montré qu'en Afrique australe *le retard d'instruction des femmes* est plus significatif dans les pays où il y a une discrimination culturelle défavorisant les femmes : Malawi, Mozambique, Zambie. Dans les pays où il y a une forte volonté de changement du statut de la femme, il y a parallèlement une baisse de la fécondité : Afrique du Sud, Botswana et Zimbabwe. En ce qui concerne l'éducation environnementale, les gouvernements des pays étudiés ont mis en place des politiques pour permettre aux populations villageoises et urbaines de débattre des causes et des conséquences de la dégradation de l'environnement. Et cela, à travers des cellules constituées dans les communautés rurales, les bidonvilles, les quartiers populaires, les usines, les centres sociaux, les hôpitaux, les marchés, les champs, etc. où des spécialistes sont sollicités pour expliquer certains principes de recyclage des eaux usées, des résidus alimentaires, etc. Cependant, ces politiques manquent de véritable suivi, sauf en Afrique du Sud et au Zimbabwe (notons que, malgré ces efforts, le Zimbabwe traverse des difficultés économiques qui entravent la progression des actions environnementales en particulier).

En analysant les *systèmes éducatifs* des pays étudiés, la présente étude a essayé de démontrer qu'un effort d'ajustement des politiques éducatives doit être fait avec les budgets de l'État pour maintenir une certaine qualité de l'enseignement. En effet, tandis que l'appauvrissement de l'Afrique australe augmente, que les besoins éducatifs augmentent aussi sous la pression démographique, les ONG diminuent leurs subventions aux gouvernements alors qu'elles devraient être accrues pour maintenir ou augmenter le niveau actuel de l'enseignement. La diminution des étudiants amorcée à partir des années 1993-1995 ne pourra que continuer.

TABLEAU N° 17A – POURCENTAGE D'ÉTUDIANTES AU NIVEAU UNIVERSITAIRE

	Botswana	Lesotho	Malawi	Mozambique
1990	52	55	45	42
1991	52	55	Néant	42
1992	52	55	47	42
1993	51	54	47	42
1994	51	54	47	42
1995	51	54	46	41

Source : SPESSA (Profil statistique de l'éducation en Afrique subsaharienne) et PRISME (Système d'information sur les programmes et les projets en éducation), Banque mondiale, USAID et Nations unies.
Néant = statistiques non fournies.

TABLEAU N° 17B – POURCENTAGE D'ÉTUDIANTES AU NIVEAU UNIVERSITAIRE

	Afrique du Sud	Swaziland	Zambie	Zimbabwe
1990	51	50	Néant	49
1991	51	50	Néant	48
1992	51	50	Néant	48
1993	51	49	Néant	47
1994	50	49	46	48
1995	51	49	Néant	48

Source : SPESSA (Profil statistique de l'éducation en Afrique subsaharienne) et PRISME (Système d'information sur les programmes et les projets en éducation), Banque mondiale, USAID et Nations unies.
Néant = statistiques non fournies.

Nous pensons que le plus urgent est d'aider à la mise en place de réformes dans les pays étudiés. Les bailleurs de fonds internationaux, en collaboration avec les gouvernements des pays étudiés, devraient envisager trois types de concours :

• Le premier est simplement de faire une évaluation, en monnaie locale et en devises, du coût de la mise au point des réformes et de l'amélioration de la gestion. En acceptant de prendre en charge une partie de ces dépenses extraordinaires, avec éventuellement contributions et contreparties, les bailleurs de fonds internationaux inciteraient fortement les gouvernements à revoir leur politique dans le secteur.

• Le deuxième type de concours de la communauté internationale devrait consister à aider les pays à s'informer sur l'expérience des autres relative à la formulation et la mise en place de réformes. Une collaboration étroite entre pays, faite de larges échanges d'expériences, devrait être très profitable dans la mesure où les problèmes sont identiques.

• En troisième lieu, la communauté internationale des bailleurs de fonds devrait créer et financer une sorte de rassemblement de conseillers techniques hautement qualifiés et spécialisés, sans aucune attache financière ou politique ni avec les bailleurs de fonds ni avec les gouvernements impliqués. Ces conseilleurs devraient participer à l'élaboration des réformes qu'ils souhaitent mettre en place et, ensuite, aider à leur mise en place, contrôler, évaluer et, au besoin, modifier l'application de la réforme.

Nous avons constaté qu'en Afrique australe, il n'existe pas actuellement de structure qui permette de répondre à ces trois besoins. Il faudrait donc commencer par en créer. Outre qu'elle devrait aider à la conception des réformes, la communauté internationale devrait contribuer au financement de programmes viables, ce qui nécessiterait plus de ressources que ne peuvent en mobiliser ces pays.

Les pays qui font preuve de leur volonté d'engager des réformes, comme l'Afrique du Sud et le Zimbabwe, bénéficient, comme nous l'avons vu antérieurement, d'une aide *internationale accrue* et de conditions de financement plus favorables, mais sous conditions. Dans la mesure où les réformes qu'un pays décidera d'effectuer impliqueront un changement radical d'orientation, il est probable que le coût de la transition vers une politique nouvelle plus viable sera important.

La volonté internationale d'aider à la mise en place de ces réformes devra être perçue, dès le départ, dans un engagement national durable, ce qui n'a pas été le cas jusqu'à présent. En outre, le montant de l'aide aux différents types d'enseignement devrait correspondre aux diverses catégories de dépenses, en proportion de la place qui leur est faite dans les programmes.

En général, au cours des dernières années, il n'y avait environ que 7 % de l'aide internationale à l'éducation en Afrique consacrés à l'enseignement primaire, contre 16 % à l'enseignement secondaire et 33 % à l'enseignement technique et à la formation professionnelle (y compris celle des enseignants) et 34 % à l'enseignement supérieur. Par ailleurs, environ 11 % seulement de l'aide sont utilisés pour les coûts de fonctionnement, les salaires du personnel local, les matériaux des ateliers et le matériel pédagogique. Les bailleurs de fonds, tant séparément que collectivement, devraient revoir ces affectations en vue de les rendre plus conformes aux programmes prévus par les gouvernements pour le développement de l'éducation et de la formation[173].

La proportion entre ajustement, maintien et développement de l'enseignement variera probablement d'un pays à un l'autre, selon les conditions et les objectifs poursuivis, et, dans un même pays, selon les zones géographiques.

---

[173] Unesco, *Education for all Gender, Equity in Basic Education*, Paris, Unesco publication, 2002.

Au niveau primaire, nous avons vu que, dans la plupart des pays étudiés, les possibilités d'ajustement par une baisse des coûts ou une participation accrue des familles au financement de l'éducation sont limitées. Nous avons vu qu'il est tout à fait possible, en revanche, d'améliorer *la qualité* de l'enseignement, c'est-à-dire de revitaliser l'enseignement primaire en faisant une plus grande place, parmi les facteurs d'éducation, aux manuels scolaires et aux moyens pédagogiques qui sont en train de se faire, surtout en Afrique du Sud, au Zimbabwe, en Zambie au Malawi et au Botswana.

Dans le secondaire, il sera beaucoup plus facile de contenir les coûts en tirant un meilleur parti des ressources disponibles, en adoptant des formules moins coûteuses de prestation des services éducatifs.

Quant à l'enseignement supérieur, il pose des problèmes bien spécifiques. Son expansion a entraîné la création d'une multiplicité d'établissements, de programmes et de diplômés qui souvent ne répond pas aux vrais besoins nationaux. Ces derniers devraient être pris en compte dans les programmes de formation.

La force et la réussite des politiques éducatives résident dans une *éducation de base*, dont chaque individu, indifféremment du sexe, peut profiter. Les pays étudiés ont tous montré une volonté envers cette éducation. Ce qui implique obligatoirement une égalité entre les deux sexes dans tous les domaines de la vie sociale, d'où notre conclusion sur une amélioration de la vie quotidienne de la *femme* dans au moins cinq pays : Afrique du Sud, Botswana, Malawi, Zambie et Zimbabwe. Le rôle attribué aux femmes dans une nouvelle approche de développement va de pair avec le rôle que doit jouer l'éducation, pour le bon développement socioéconomique d'une nation.

Ainsi, l'éducation est *le pivot* de toutes les actions permettant aux jeunes filles et aux femmes de participer activement au développement. Bien que beaucoup reste à faire dans ce domaine, nous avons l'impression que le processus s'est enclenché.

En conclusion, lorsque les parents sont instruits, surtout la mère, ils veulent que leurs enfants le soient aussi. À mesure que l'éducation se répande dans la société, ils recherchent un niveau supérieur d'éducation pour leurs enfants afin qu'ils soient plus concurrentiels sur le marché du travail. En Afrique australe, si les pays étudiés arrivent à changer leurs mentalités socioculturelles en faveur des *filles*, plus il y aura d'élèves féminins dans l'enseignement primaire, plus il y aura une demande d'enseignement secondaire, qui créera à son tour une demande d'accès à l'enseignement supérieur. Plus il y aura d'écoles, plus il y aura de filles scolarisées. En bref, il est éminemment souhaitable que les ministères de l'Éducation responsables de l'enseignement, veillent à l'accroissement de la scolarisation féminine par des politiques publiques appropriées spécifiques à chaque pays étudié.

Bibliographie

Notre bibliographie est divisée en 4 parties classées par ordre préférentiel suivant :

— de référence ;
— sur les Bochimans ;
— sur l'Afrique australe ;
— sur l'éducation.

La recherche bibliographique y figure pour une grande partie dans notre étude parce que nous pensons qu'une base bibliographique sera utile pour les chercheurs qui s'intéressent à l'Afrique australe.

BIBLIOGRAPHIE DE RÉFÉRENCE

ANNUAL Report, Zambia Ministry of Education, 1999.

ATCHOARENA David et DELLUC André (2002), *Revising technical and vocational Education in Sub-Saharan Africa*, Unesco publishing, Paris.

BHOLA H. S. (1985), *Adult literacy policy and performance in Malawi : an analysis*, conférence présentée au Workshop in Political Theory and Policy Analysis, Bloomington, IN, 14 janvier1985, ERIC microfiche ED 2537281.

BHOLA H. S. (1983), « Nonformal education in perspective », *Prospects*, Paris, Unesco, vol. XIII, n° l, p. 45-53.

BONNEWITZ Patrice (1998), *Premières leçons sur La sociologie de P. Bourdieu*, Paris, PUF, p. 62-64.

BOUDON Raymond, CUIN Charles-Henry, MASSOT Alain (2000), *L'axiomatique de l'inégalité des chances*, Paris, L'Harmattan, 207 pages.

BOURDIEU Pierre et PASSERON Jean-Claude (1964), *Les héritiers. Les étudiants et la culture*, Paris, Éditions de Minuit, p. 88-89.

BOURDIEU Pierre, PASSERON Jean-Claude (1970), *La reproduction, éléments pour une théorie du système d'enseignement*, Paris, Éditions de Minuit, 279 p.

BREUIL H. (1955), *The White Lady of the Brandberg*, Londres, Trianon Press.

BUREAU René et de SAIVRE Denyse (1988), *Apprentissages et cultures. Les manières d'apprendre*, Paris, Karthala, 368 pages, p. 327.

BURKE Andrew (1999), « School effectiveness : the certainty of the teacher's role », p. 4, 15.

CARR-HILL Roy et *al.* (2002), *The Impact of Aids on Education and Institutionalizing Preventive Education*, Paris, IIEP Unesco.

CHENDI Helen (1998), « HIV/AIDES Life Skills Programmes in Malawi », papier non publié.

CHRISTIE Pam (1991), *The Right to learn : The Struggle For Education in South Africa*, The Sached Trust, Cape Town, p. 101-136 ; 2e éd. 1994, Raven Press, 309 pages.

CONFERENCES des Nations unies, ces programmes ont été financés par les gouvernements nationaux en collaboration avec les ONG, la Banque mondiale et L'Unicef.

COQUERY-VIDROVITCH Catherine (1994), *Les Africaines. Histoire des femmes d'Afrique noire du XIXe au XXe siècle*, Paris, Desjonquères.

CYBERSCIENCES, *L'Afrique du Sud malade du Sida* ; *La circoncision contre le sida* ; *Les grands dossiers : Le virus HIV*, répertoire annoté de sites relatifs au sida XIIIth International Aids Conference.

DECANDO Anaïs (2001), « Les Bushmen, « hommes des hommes » », *L'Humanité*, 25 juillet 2001.

DUCHET Michèle (1971), *Anthropologie et histoire au siècle des Lumières*, Paris, Albin Michel, 2e éd. 1995, 611 p.

DURKHEIM Émile (1911), article « Éducation » du *Dictionnaire de pédagogie et d'instruction publique* de Ferdinant Buisson, Paris, Hachette.

ESTIENNE Robert (1992), *Dictionnaire historique de la langue française*, Paris, Le Robert, 1992, p. 128.

FOUQUET Annie, VINOKUR Annie (1996), *Démographie socioéconomique*, 2e éd. Dalloz. 194 pages.

GACHUHI D. (1999), « The Impact of HIV/AIDS on education in Eastern and Southern Africa Region and the Response of education systems to HIV/AIDS », papier préparé pour ICEF Johannesburg, 6-10 décembre1999.

GEORGAS J. (1993), « Ecological-Social Model of Greek Psychology », *in* U. Kim (ed.), *Indigenous Psychology, Research and Experience in Cultural Context*, Newbury Park, Sage.

GERVAIS-LAMBONY (1977), *L'Afrique du Sud et les États voisins*, Paris, Armand Colin-Masson, p. 7, université Paris X.

GORDON R. (1995), « Causes of Girls' Academic Underachievement », Harare, Occasional Paper n° 7, HRCC, Université du Zimbabwe.

HALLAK J., CAILLADS F. (1981), *Éducation, travail et emploi*, IIEP, Unesco.

HANSEN K. (1992), *African Encounters with Domesticity*, New York, Rutgers.

HUGON Philippe (1991), « Éduquer, former, employer en Afrique », CERED/JLAREA, mardi 3 septembre, Paris.

HYDE Karin A. L. (1996), *Thèmes de priorités de recherche sur l'éducation des femmes en Afrique*, Nairobi, Académie africaine des sciences.

HYDE Karin (1999), rapport de recherche n° 106, Paris, Unesco Institut International Expanding Educational Opportunities at Primary Level.

KANT Emmanuel (1966), *Réflexions sur l'éducation* [1803], Paris, Vrin.

KARLSSON Jenni, Séminaires stratégiques de l'IIPE (Unesco), lundi 8 décembre 2003.

KING E. et HILL A. (1993), *Women's education in developing countries*, Baltimore et Londres, John Hopkins University Press.

LANGE Marie-France, PILON Marc (2000), « La persistance des inégalités d'accès à l'instruction », *in Rapports de genre et questions de population*, vol. 2, Genre, population et développement, Paris, INED, p. 69-80.

LEWINE Keith et CAILLODS Françoise (2001), *Financing Secondary Education in Developing Countries*, Unesco publishing Paris.

LEWINE Keith et Caillods Françoise (2001), Financing Secondary Education in Developing Countries Unesco publishing Paris.

LOCOH T. (2000), « Genre et développement : Huit communications présentées à la Chaire Quetelet 2000 », *Dossiers et Recherches* n°95, INED, Paris.

MANUEL III (1997), *Méthodes de projections démographiques par sexe et par âge*, publication des Nations unies.

MARIRA C. (1991), « Gender Issues in Zimbabwe's two main English language textbooks in the primary schools. Zimbabwe », *Journal of Education Research.*

MARIRO Augustine (1999), *Access of Girls and Women to Scientific, Technical and Vocational Education*, Paris, Unesco Publications, 480 pages.

MARTIN Jean-Yves (2002), *Développement Durable ?* IRD Paris.

MASSIMO Livi-Baci (2001), *A concise History of World population*, 3e édition, Blackwell, Massachusetts.

McNICOLL Geoffrey (1999), « Population and Poverty : the Policy Issues », papier pour Sustainable Development.

MOLOBE Ennie et SALEWSKI Tanya (1971), « Education for citizenship : life skills in the Botswana classroom », papier présenté au Boleswa Symposium.

MOSCONI N. et VERDIER J. et LAUDET (1995), *La place des femmes : Inégalités de traitement entre les filles et les garçons*, Paris, Unesco, p. 139.

MOSCONI N. (1989), *La mixité dans l'enseignement secondaire*, Paris, PUF.

MUCAVELÉ F. (2003), « New Partnership for Africa' Development », conférence Unesco, 10 septembre 2003.

NYERERE Julius (1990), *The Challenge to the South*, Oxford University Press.

OAKLEY Ann (1972), *Sex, Gender and Society*, Londres, Temple Smith.

ONUSIDA (1998), *Joint United Nations Programme on HIV/AIDS and WHO*, Report on the status of the HIV/AID Pandemic, Geneva.

ROSENTAL Claude et FRÉMONTIER-MURPHY Camille (2001), *Introduction aux méthodes quantitative en Science Humaines et sociales*, Paris, Dunod, p. 129.

SACHS I. (1999), « Social Sustainability and Whole Development : Exploring the Dimensions of Sustainable Development », *in* Becker E., Jahn T., *Social Sustainability and Whole Development*, MOST project, Unesco/Isoe, Zed Books.

SHONGEDZA Ignatiana (2000), « The Impact of Socio-Cultural Factors On Fertility Mortality And Migration In Zimbabwe », Unesco, document non publié.

SHONGEDZA Ignatiana (1992), *L'éducation des filles*, DEA de démographie Paris X.

SWEETMAN Caroline (1998), *Gender Education and Training*, GB Oxfarm rééd. 2000.

STROMQUIST Nelly P. (1997), *Faire davantage participer les filles et les femmes à l'éducation*, Paris, Unesco.

TEXTES Essentiels (1997), *La Sociologie*, Paris, Larousse-Bordas, p. 168, 225, 417, 525, 788.

TROUP Freda (1976), *Forbidden Pastures : Education under Apartheid*, Londres, International Defence and Aid Fund.

UNECO SADC, conférence Paris, 10 novembre 2003.

UNESCO (1999), *Access of Girls and Women to Scientific, Technical and Vocational Education*, Dakar.

UNICEF (1999), *The progress of nations 1999 : the AIDS emergency. The toll on women and children.*

VÉRON Jacques (2000), « Sexe, genre et développement : de l'analyse des données à celle des relations », *Dossiers et Recherches*, n° 95, INED, Paris.

WHITESIDE A., WOOD G. (1994), *Socio-economic impact of HIV/AIDS*, Swaziland Ministry of Economic Planning and development.

XENAKIS John J. (2002), *Fraternizing With The Enemy*, NY Park Avenue Pub., Ed. 1stBooks Library, 424 pages.

BIBLIOGRAPHIE SUR LES BOCHIMANS

ARBOUSSET T. et F. DAUMAS (1846), *Narrative of an exploratory tour of the north-east of the Cape of Good Hope*, Cape Town, Robertson, rééd. 1968, Cape Town, Struik.

BIESELE M. (1978), « Sapience and scarce resources : communication systems of the !Kung and other foragers », *Social Science Information* 17, p. 921-947.

BLEEK D. F. (1924), *The Mantis and His Friends*, Cape Town, Maskew Miller.

BLEEK D. F. (1931), « Customs and beliefs of the /Xam Bushmen, 1re partie : Baboons », *Bantu Studies* 5, Cape Town, Afrique du Sud, p. 167-179.

BLEEK D. F. (1932), « Customs and beliefs of the /Xam Bushmen, 2e partie : The lion, 3e partie : Game animals, 4e partie : Omens, wind-making, clouds », *Bantu Studies* 6, p. 47-63, 233-249, 321-342.

BLEEK D. F. (1933), « Beliefs and customs of the /Xam Bushmen, 5e partie : The Rain, 6e partie : Rain-making », *Bantu Studies* 7, p. 297-312, 375-392.

BLEEK D. F. (1935), « Beliefs and customs of the /Xam Bushmen, 7e partie : Sorcerors », *Bantu Studies* 9, p. 1-47.

BLEEK D. F. (1936), *Beliefs and customs of the /Xam Bushmen, Specimens of Bushman folklore*, Londres, Allen, rééd. 1968, Cape Town, Struik.

BREUIL H. (1955), *The White Lady o f the Brandberg*, Londres, Trianon Press.

CAMERON T. et SPIES S. B. (eds) (1986), *An illustrated history of South Africa*, Johannesburg, Jonathan Ball.

CAMPBELL C. (1986), « Images of war : a problem in San rock art research », *World Archaeology* 18, p. 255-268.

DEACON J. (1986), « « My place is the Bitterpits » : the home territory of Bleek and Lloyd's /Xam San informants », *African Studies* 45, p. 135-155.

DEACON J. (1988), « The power of a place in understanding southern San rock engravings », *World Archaeology* 20, p. 129-140.

DEACON H. J., DEACON J. et BROOKER M. (1976), « Four painted stones from Boomplaas Cave, Oudtshoorn district », *South African Archaeological Bulletin* 31, p. 141-145.

DOWSON T. A. (1988), « Revelations of religious reality : the individual in San rock art », *World Archaeology* 20, p. 116-128.

GOLSON et M. HALL (1985), « Trance performance : the rock art of Boontjieskloof and Sevilla », *South African Archaeological Bulletin* 40, p. 70-80.

LEWIS-WILLIAMS J. D. (1974), « Super positioning in a sample of rock paintings from the Barkly East district », *South African Archaeological Bulletin* 29, p. 93-103.

LEWIS-WILLIAMS J. D. (1982), « The economic and social context of southern San rock art », *Current Anthropology* 23, p. 429-449.

LEWIS-WILLIAMS J. D. (1986), « The last testament of the southern San », *South African Archaeological Bulletin* 41, p. 10-11.

MANHIRE T., PARKINGTON J. et YATES R. (1985), « Nets and fully recurved bows : rock paintings and hunting methods in the western Cape, South Africa », World Archaeology 17, p. 161-174.

MARSHALL L. (1969), « The medicine dance of the !Kung Bushmen », *Africa* n° 39, p. 347-381.

MAZEL A. D. (1982), « Principles for conserving the archaeological resources of the Natal Drakensberg », *South African Archaeological Bulletin* 37, p. 7-15.

ORPEN J. M. (1874), « A glimpse into the mythology of the Maluti Bushmen », *Cape Monthly Magazine* 9, n° 49, p. 1-13.

POTGIETER E. F. (1955), *The disappearing Bushmen of Lake Chrissie*, Pretoria, Van Schaik.

REICHEL-DOLMATOFF G. (1978), *Beyond the Milky Way : hallucinatory imagery of the Tukano Indians*, Los Angeles, UCLA Latin America Centre.

RUDNER I. (1983), « Paints of the Khoisan rock artists », *Goodwin Series* 4, p. 14-20.

VAN DER MERWE N. J., SEALY J. et YATES R. (1987), « First accelerator carbon-14 date for pigment from a rock painting », *South African Journal of Science*, 33, p. 56-57.

WENDT W. E. (1976), « « Art mobilier » from the Apollo 11 Cave, South West Africa : Africa's oldest dated works of art », *South African Archaeological Bulletin* 31, p 5-11.

WILLCOX A. R. (1984), *The rock art of Africa*, Johannesburg, Macmillan.

BIBLIOGRAPHIE SUR L'AFRIQUE AUSTRALE

ALDEN C. et KHALFA J. (textes réunis par) (1995), *Afrique du Sud : le cap de Bonne-Espérance*, Schumann Rare Books, catalogue n° 583, Paris, 687 pages.

BURGER John (1973), *The Black Man's Burden*, Port Washington, New York, Londres, Kennikat Press, édition originale, 1943, 252 pages.

COQUEREL Paul (1992), *Afrique du Sud, l'histoire séparée*, Paris, Gallimard, 176 pages.

CHRISTOPHER A. J. (1994), *The Atlas of Apartheid*, Johannesburg, Witwatersrand University Press, 212 pages.

DARBON Dominique (ed.) (1993), *La République sud-africaine, état des lieux*, Paris, IFRA-Karthala-MSHA, 246 pages.

FOUCHER Michel (1991), *Fronts et frontières. Un tour du monde géopolitique*, Paris, Fayard, 2e édition, 612 pages.

HÉRODOTE (1996), *La Nouvelle Afrique du Sud*, textes réunis par D. Darbon et V. Faure, n° 82/83, La Découverte, Paris, 240 pages.

LES TEMPS MODERNES (1986), *Afrique du Sud : demain le feu*, textes réunis par A. Kooy et C. Charney, n° 479-481, Paris, 526 pages.

LORY Georges (1985), *Afrique du Sud, riche, dure, déchirée*, Paris, Autrement, 253 pages.

MARTIN Denis-Constant (1992), *Sortir de l'Apartheid*, Paris, Complexe, 159 pages.

BIBLIOGRAPHIE SUR L'ÉDUCATION

AHMED M., COOMBS P. H. (eds) (1975), *Education for rural development : case studies for planners*, New York, Praeger.

ALINSKY S. D. (1969), *Reveille for radicals*, New York, Vintage Books.

ARIYARATNE A. T. (1986), *Learning in Sarvodaya*, Colombo, Conference Materials, International Conference for Adult Education.

ARNOVE R. F. (1980), « Comparative education and world-systems analysis », *Comparative education review* (Chicago), vol. 24, n° 1, p. 48-62.

ATKINSON J. (1964), « Explorations using imaginative thought to assess the strength of human motives », *in* Jones M. (ed.), *Nebraska symposium on motivation*, vol. 2, Lincoln, NB, University of Nebraska Press, 1954.

ATKINSON J. (1964), *An introduction to motivation*, Princeton, NJ, Van Nostrand.

BAR-TAL D. (1964), « Attributional analysis of achievement-related behaviour », *Review of educational research* (Washington, DC), vol. 48, n° 2, p. 259-271.

BATAILLE L. (ed.) (1976), *A turning point for literacy. Adult education for development : the Spirit and Declaration of Persepolis*, Proceedings of the International Symposium for Literacy, Persepolis, Iran, 3-8 septembre 1975, Oxford, Pergamon, p. 273-274.

BELL D. (ed.) (1969), *Toward the year 2000, works in progress*, Boston, MA, Beacon Press.

BERGEVIN P. (1967), *A philosophy for adult education*, New York, Seabury Press.

BERSTECHER D. (ed.) (1985), *Education and rural development : issues for planning and research*, Paris, Unesco, International Institute for Educational Planning.

BHOLA H. S. (1984), *Campaigning for literacy, eight national experiences of the twentieth century, with a memorandum to decision-makers*, Paris, Unesco.

BHOLA H. S. (1984), « A policy analysis of adult literacy promotion in the Third World : an accounting of promises made and promises fulfilled », *International review of education* (La Haye), vol. 30, n° 3, p. 249-264.

BHOLA H. S. (1985), « Adult literacy policy and performance in Malawi : an analysis », papier présenté au Workshop in Political Theory and Policy Analysis, Bloomington, IN, 14 janvier 1985, ERIC microfiche ED 2537281.

BHOLA H. S. (1981), « Conceptualizing the use of learning resources in community education : a general model for strategy design », *Viewpoints in teaching and learning*, Bloomington, IN, vol. 57, n° 4, p. 50-64.

BHOLA H. S. (1987), « Destined for literacy », *Educational horizons Bloomington*, IN, vol. 66, n° l, p. 9-12.

BHOLA H. S. (1979), *Evaluating functional literacy*, Amersham, G.-B, Hulton Educational Publications.

BHOLA H. S. (1976), « Institutional approaches to innovation and change (II) : the configurational perspective on institution building », ERIC microfiche ED 122454.

BHOLA H. S. (1986), « Literacy for development : an African perspective (notes from a sabbatical) », papier présenté au 29e Annual Meeting of the African Studies Association, Madison, WI.

BHOLA H. S. (1982), « Planning change in education and development : the CLER model in the context of a mega model », *Viewpoints in teaching and learning*, Bloomington, IN, vol. 58, n° 4, p. 1-35.

BHOLA H. S. (1985), « Report card on a national literacy programme : the case of Botswana », papier présenté au Joint SIDEC/CIES Conference on Comparative Education and International

Development, Stanford, CA, 15-20 avril 1985, ERIC microfiche ED 255705.

BHOLA H. S. (1984), « Tailor-made strategies of dissemination : the story to theory continuum », papier présenté au septième Nationwide Vocational Education Dissemination Conference of the National Centre for Research in Vocational Education, The Ohio State University, Columbus, OH, 13-15 novembre 1984, ERIC micro-fiche ED 250458.

BHOLA H. S. (1975), « The design of (educational) policy : directing and harnessing social power for social outcomes », *Viewpoints*, Bloomington, IN, vol. 51, n° 3.

BHOLA H. S. (1988), « The politics of adult literacy promotion : an international perspective », *Journal of reading* (Newark, DE), vol. 31, n° 7, p. 667-671.

BHOLA H. S., BHOLA J. K. (1984), *Planning and organization of literacy campaigns, programmes and projects*, Bonn, German Foundation for International Development.

BLASE M. G., (1973), *Institution building, a source book*, Washington, DC, US Agency for International Development.

BOTKIN J. W., ELMANDJRA M., MALITZA M. (1979), *No limits to learning : bridging the human gap*, Oxford, Pergamon, rapport au Club de Rome.

BRAYBROOKE D., LINDBLOOM C. E. (1963), *A strategy of decision : policy evaluation as a social process*, New York, Free Press.

BRUNER J. S. (1966), *Toward a theory of instruction*, Cambridge, MA, The Belknap Press of Harvard University Press, p. 127.

CARRIM NAZIR (1992), « The Matthew Goniwe education essay competition », *Perspectives in Education*, vol. 14, n° 1, p.46.

CHINAPAH V. (1990), *Educational research in Eastern and Southern Africa : an inventory of surveys and studies*, Stockholm, SAREC.

CHISHOLM LINDA (1992), « Policy and critique in South African educational research », papier présenté au Symposium sponsorisé parTransformation on Problems in Policy Formulation at the University of Natal, Durban, 31 janvier-2 février 1992.

COOMBS Philip (1968), *The world educational crisis : a systems analysis*, New York, Oxford University Press.

COOMBS Philip (1985), *The world crisis in education : the view from the eighties*, New York, Oxford University Press.

COOMBS P., AHMED M. (1974), *Attacking rural poverty : how nonformal education can help*, Baltimore, MD, Johns Hopkins University Press.

DAE (Donors to African Education) (1991), groupe de travail sur « Capacity-building in educational research and policy analysis in Sub-Saharan Africa », Nairobi.

DAE (1992), groupe de travail sur « Capacity-building in educational research and policy analysis », introduction.

DAE (1992), groupe de travail sur Capacity Building in Educational Research and Policy Analysis, rapport d'un séminaire tenu à Gaborone, Botswana, 25-26 novembre, n° 3, Nairobi, décembre 1992.

DATTA ANSU (1990), « The development of educational research capacity », *in* Mautle G. et Youngman F. (eds), *Educational Research in the SADCC Region : Present and Future*, Botswana Educational Research Association, Gaborone, 1990.

DAVE R. H. (1973), *Lifelong education and school curriculum*, Hambourg, Unesco Institute for Education, p. 30.

DICKSON P. (1971), *Think tanks*, New York, Atheneum Books, p. 337-338.

DLAMINI B. M. (1991), *Educational research in Swaziland*, actes du séminaire Educational Research tenu à the Rossing Foundation Education Centre, Khomasdal, Windhcek, 22-24 janvier 1991.

ELSDON K. T. (1984), *Adult education. Educational documentation and information*, Paris-Genève, Unesco, IBE), 58, n° 233.

ERNESA (1991), « Report on IDRC sponsored meeting organised by EIZNESA on basic education initiatives and possible follow-up activities in the region », Malindi, 6-8 mai.

ETZIONI A. (1964), *Modern organizations*, Englewood Cliffs, NJ, Prentice-Hall.

EVANS IVAN (1990), « The racial question and intellectual production in South Africa », *Perspectives in Education*, vol. 11, n° 2, ét 1990.

FAURE E. et *al*. (1972), *Learning to be : the world of education today and tomorrow*, Paris, Unesco, Londres, Harrap.

FLETEHER C., RUDDOCK R. (1986), « Key concepts for an alternative approach to adult education », *Convergence*, Toronto, Ont., vol. XIX, n° 2, p. 41-48.

FRANK A. G. (1972), *Lumpenbourgeoisie, lumpen-development : dependency, class, and politics in Latin America*, New York, Monthly Review Press.

FREIRE P. (1973), *Pedagogy of the oppressed*, New York, Herder & Herder, 1970.

FREIRE P., *Education for critical consciousness*, New York, Seabury Press.

GELOVANI V. A. (1984), « An interactive modelling system as a tool for analysing complex socio-economic problems », *in* Richardson J. (ed.), *Models of reality : shaping thought and action*, Mt. Airy, MD, Lomond.

GERWEL, JAKES (1993), « Foreword », *in* NEPI, National Education Policy Investigation, *The Framework Report and Final Report Summaries*, Oxford University Press/NECC, Cape Town.

GREENBLATT S. L. et *al.* (1981), *Organizational Behavior in Chinese Society*, New York, Praeger.

HARBISON F. H. (1973), *Education sector planning for development of nation-wide learning systems*, Washington DC, American Council on Education, Overseas Liaison Committee.

HARRINGTON F. H. (1977), *The Future of Adult Education*, San Francisco, Jossey-Bass.

INTERNATIONAL INSTITUTE FOR EDUCATIONAL PLANNING (1968), *Manpower aspects of educational planning*, Paris, Unesco, International Institute for Educational Planning.

ISHUMI A. G. M. (1988), *African Development research and researcher. Tanzania Country Report*, Research Report for Pan African Documentation and Information System (PADIS), Addis Ababa.

JANSEN JONATHAN (1991), « The racial question and intellectual production in South Africa : A critical response to Ivan Evans », *Perspectives in Education*, vol. 12, n° 2.

KAHN H., WIENER A. J. (1967), *The year 2000 : a framework for speculation on the next thirty-three years*, New York, Macmillan.

KIDD R., COLLETTA N. (1981) (eds), *Tradition for development : indigenous structures and folk media in non formal education*, Bonn, German Foundation for International Development.

KINYANJUI K. et CHEGE A. (1988), « Educational Research done at LDS, University of Nairobi, Since 1980 » *in* Fuller-Riak P. and Ole

Sena S. (eds), *Priorities in Educational Research*, Seminar Proceedings.

KNOKE David H., WOOD James R. (1981), *Organized for action : Commitment in voluntary associations*, New Brunswick, NJ, Rutgers University Press.

KNOWLES M. S., DUBOIS E. (1970), « Prologue : the handbooks in perspective », *in* Smith R. M., Aker G. F., Kidd J. R., *Handbook of adult education*, New York, Macmillan.

KNOX A. B. (1977), *Adult development and learning*, San Francisco, Jossey-Bass.

KOMBA, DONATUS May (1992), « ERNESA Activities : A Report for 1991 », université de Dar es Salaam, faculté d'éducation.

LA BELLE T. J. (1986), *Non formal education in Latin America and the Caribbean : stability, reform or revolution ?* New York, Praeger.

MANNATHOKO, CHANGU (1991), *Educational research in Botswana : History, present status, and future prospects*, actes du séminaire de Educational Research tenu à the Rossing Foundation Education Centre, Khomasdal, Windhoek.

MARAVANYIKA O. (1991), *Educational research in Zimbabwe*, actes du séminaire de Educational Research tenu à the Rossing Foundation Education Centre, Khomasdal, Windhoek.

MASLOW A. H. (1968), *Toward a psychology of being*, 2e éd., New York, Van Nostrand Reinhold.

MASLOW A. H. (ed.) (1970), *Motivation and personality*, 2e éd., New York, Harper & Row.

MAUTLE G., YOUNGMAN F. (eds), (1990), *Educational Research in the SADCC Region : Present and Future*, Botswana Educational Research Association, Gaborone.

McCLELLAND D.C. (1961), *The achieving society*, Princeton, NJ, Van Nostran.

McGREGOR D.M. (1961), *The human side of enterprise*, New York, McGraw-Hill.

McKENZIE L. (1978), *Adult education and the burden of the future*, Washington, DC, University Press of America.

MEADOWS D. H. et *al.* (1970), *The limits to growth*, New York, Signet Books, 1972.

MILLER V. L. (1985), *Between struggle and hope : the Nicaraguan literacy crusade*, Boulder, CO, Westview Press.

MOLOSI P. (Permanent Secretary, Ministry of Education) (1992), « Official Opening », Donors to African Education and Educational Research Network for Eastern and Southern Africa, colloque tenu à Oasis Motel, Gaborone, Botswana.

MPOGOLO Z. J. (1985), « Learning strategies for post-literacy and continuing education in Tanzania », *in* Dave R. H., Perera D. A., Ouane A. (eds), *Learning strategies for post-literacy and continuing education in Kenya, Nigeria, Tanzania, and United Kingdom*, Hambourg, Unesco Institute for Education, p. 123-216.

NAIK J. P. (1980), « Nonformal education in India : a retrospect and a prospect », *in* Shah A. B., Bhan S. (eds), *Non formal education and the NAEP*, New Delhi, Oxford University Press, p. 223-240.

NAMUNDU C., TAPSOBA J. M. S. (1991), « Capacity building in educational research and policy-analysis in Sub-Saharan Africa » (Executive Summary), papier présenté à the Donors to African Education Meeting on Capacity Building in Educational Research and Policy-Analysis, Nairobi.

NGÛGI WA THIONGO (1986), *Decolonising the mind : the politics of language in African literature*, Londres, Currey.

NKINYANGI J. A. (1983), « Who conducts research in Kenya », *in* Shaeffer S. et Nkinyangi J. A. (eds), *Educational research environment in the developing world*, Ottawa, IDRC.

NUNEZ C., NUNEZ G. (1981), « Popular theatre, popular education, and urban community organizing in Mexico », *in* Kidd R., Colletta N. (eds), *Tradition for development : Indigenous Structures and Folk Media in non Formal Education*, Bonn, The German Foundation for International Development.

PETER L. J., HULL R. (1970), *The Peter Principle : why things always go wrong*, New York, Bantam Books.

POLKINGHOME D. (1983), *Methodology for the human sciences : systems of inquiry*, Albany, NY, State University of New York Press.

RIGGS F. W. (1964), *Administration in developing countries : the theory of prismatic society*, Boston, MA, Houghton Mifflin.

SELZNICK P. (1957), *Leadership in administration : a sociological interpretation*, New York, Harper & Row.

SHAEFFER S. et NKINYANGI J. (eds) (1983), *Educational research environments in the developing world*, Ottawa, IIDRC.

SHANE H. G. (1973), *The educational significance of the future*, Bloomington, IN, Phi Delta Kappa.

SHEFFIELD J. R., DIEJOMAOH V. P. (1972), *Non formal education in African development*, New York, African-American Institute.

SIFUNA D. N. (1991), « Research in Educational Inequality Issues and Policy Trends in Kenya », papier présenté au Fourth Boleswa International Research Symposium, Kwaluseni, Swaziland, 29 juillet-2 août.

SIGMUND P. E. (ed.) (1972), *The ideologies of the developing nations*, 2e éd. revue, New York, Praeger.

SIMMONS J. et *al.* (1975), *Investment in education : national strategy options for developing countries*, Washington, DC, World Bank.

SPAULDING S. (1974), « Life-long education : a modest model for planning and research », *Comparative education* (Oxford, G.-B.), vol. 10, n° 2, p. 101-113.

UNESCO (1978), « Educational reforms and innovations in Africa », Paris, Unesco, *Experiments and Innovations in Education*, n° 34.

UNESCO (1971), Regional Office for Education in Africa (BREDA), Population, Education, Development in Africa South of the Sahara, meeting d'experts, Dakar, 29 novembre-4 décembre 1971, BREDA, Dakar.

UNESCO (1985), Adult education since the third International Conference on Adult Education (Tokyo, 1972), round-up of replies to the survey carried out by Unesco among National Commissions with a view to gathering information on the development of adult education, Paris (ED-85/Conf. 210/4).

UNESCO (1982), *Different theories and practices of development*, Paris.

UNESCO (1964), *Economic and social aspects of educational planning*, Paris.

UNESCO (1963), *Second World Conference on Adult Education*, Paris.

UNESCO (1949), *Summary report of the International Conference on Adult Education*, Elsinore, Denmark 19-25 juin 1949, Paris.

UNESCO (1985), *The development of adult education : aspects and trends* (ED-85/Conf. 210/3), documents présentés à la 4e International Conference on Adult Education, Paris, 1985.

VIELLE J. P. (1981), *The Impact of research on educational change*, Ottawa, IDRC.

WALLERSTEIN I. (1974), *The modern world system*, New York, Academic Press.

WAMANI W. T. (1988), « Educational research done at the Faculty of Education (Kenyatta University) since 1980 », *in* Fuller-Riak P. et Ole Sena S. (eds), *Priorities in educational Research*, Seminar Proceedings. Bureau of Educational Research, Kenyatta University, Mimeo.

WCEFA (1990), World Declaration on Education For All and Framework for action to meet basic learning needs, Jomtien, Thailand (5-9 mars).

WEBER M. (1947), *The theory of social and economic organization*, New York, Free Press.

WEICK K. E. (1979), *The social psychology of organizing*, 2e éd., Reading, MA, Addison-Wesley.

WEILER H. N. (ed.) (1980), *Educational planning and social change : report on an IIEP seminar*, Paris, Unesco, International Institute for Educational Planning.

WEINER B. et *al.* (1979), « Social cognition in the classroom », *Educational psychology* (Amherst, NY), vol. 18, 1983, p. 109-124.

WEINER B. A., « Theory of motivation for some class-room experiences », *Journal of educational psychology* (Washington, DC), vol. 71, n° 1, p. 3-25.

WEISS C. (1976), *Research utilization*, Urbana-Champaign, IL, Policy Studies Organization, University of Illinois.

WILDAVSKY A. (1979), *Speaking truth to power : the art and craft of policy analysis*, Boston, MA, Little Brown.

WORLD BANK (1988), *Education in Sub-Saharan Africa*, Washington DC, World Bank.

YOUNGMAN Frank (1990), *Adult education and socialist pedagogy*, Londres, Croom Helm.

Annexe

Éducation et l'Église : l'exemple du Zimbabwe

Tout au long de ce livre, nous avons désigné par la Rhodésie la Rhodésie du Sud. Nous aurions pu utiliser le mot Zimbabwe (pour désigner la Rhodésie) mais, pour éviter la confusion entre la période coloniale et post-coloniale, nous avons préféré le mot Rhodésie. Comme nous le savons, la Rhodésie était la région du sud-est de l'Afrique qui regroupe les États de Zambie et du Zimbabwe,

Le nom de Rhodésie provient de Cecil Rhodes, colonisateur britannique, fondateur et administrateur de ce territoire entre 1889 et 1896. La région fut explorée par le célèbre chasseur Frederick Selous, qui prit la direction de la colonie de pionniers en 1890 qui occsupa la Rhodésie. La Rhodésie désigne généralement l'ancienne Rhodésie du Sud, entre 1964 et 1980, année où elle est devenue le Zimbabwe

En Afrique australe, les missionnaires sont arrivés en même temps que les colonisateurs.

> « Pionniers et missionnaires étaient arrivés ensemble en 1889, convaincus d'être engagés dans une même bataille, du même côté, travaillant ensemble pour L'émancipation des esclaves et la reconnaissance des droits des peuples indigènes[174]. »

Il s'agira donc ici d'analyser le rôle que jouèrent les missionnaires dans la formation de la l'Afrique australe, surtout en Rhodésie.

---

[174] Randolph F. s.j., *Church and State in Rhodesia, 1969-1971.*

I. LES ENFANTS DES CHEFS TRADITIONNELS, SCOLARISATION PRIORITAIRE

Dès leur arrivée, les missionnaires ouvrirent des écoles réservées aux enfants des colons.

Avant la rébellion de 1896-1897, note Lawrence Vambe :

« L'Église avait surtout travaillé dans le désert. Les recherches montrent que les Shona étaient indifférents, profondément sceptiques et dans bien des cas hostiles aux missionnaires. L'Église avait fait peu, pour ne pas dire pas du tout, d'impression sur un peuple profondément attaché à sa propre religion[175]. »

Au XIXe siècle, les missionnaires voulurent ouvrir aussi des écoles pour les indigènes, mais ce fut sans succès. L'astuce fut de « scolariser d'abord les enfants des chefs traditionnels pour influencer les autres ».

Mais la défaite militaire changea l'état d'esprit des Shona, les faisant « passer de l'indifférence à une très grande réceptivité, prêts à « absorber » tout ce qui tombait de la bouche des Européens, tant en matière de connaissance, de fait ou de fiction », poursuit L. Vambe[176]. La très grosse majorité des parents encouragèrent leurs fils et leurs filles à fréquenter l'école des Blancs.

Bien des enfants européens, nés au milieu des livres, prennent sans grand enthousiasme le chemin de l'école. Pour l'enfant noir, né dans la civilisation orale, il en va différemment. Posséder l'écriture, c'est acquérir un pouvoir. Les premiers petits Noirs « lettrés », que les anciens devaient écouter en silence quand ils leur déchiffraient un message ou à qui ils demandaient d'écrire une lettre, prenaient conscience de leur importance. Ils étaient devenus petits fonctionnaires et donc très influents au sein des leurs. Ils n'étaient point tentés de faire l'école buissonnière ! Leurs rapides progrès étonnaient bien des Européens.

Selon Roland Pichon, un jésuite[177], ce travail de scolarisation, les missionnaires l'accomplirent à l'intérieur de la structure politique de la colonie. Il fut marqué par la loi de répartition des terres. Cette loi avait attribué aux différentes Églises, à l'intérieur des *réserves*, des terres de mission où Noirs et Blancs pouvaient cohabiter. Mais, en pratique, seuls les enfants noirs fréquentaient les écoles bâties sur ces terres de mission, et les enfants blancs avaient leurs propres écoles en zone européenne. La

---

175 Vambe Lawrence, *An ill fated people*, Heinemann, Londres, 1972, p. 144.

176 *Idem*, p. 143.

177 Pichon Roland s.j., *Le drame rhodésien*, Paris, L'Harmattan, 1975.

loi de répartition des terres entraînait la ségrégation scolaire, ségrégation qui rendit impossible l'édification de la « nation rhodésienne ». Mais, quel usage les missionnaires surent-ils faire de ces terres de mission où la loi des Blancs permettait la cohabitation des races ? Cohabitation que la Commission Carter avait jugée « irréalisable maintenant et sans doute pour des générations ». C'est ce que nous allons examiner à présent.

II. Les colons et les missionnaires

Le problème de terre n'a pas commencé avec l'arrivée de M. Mugabe au pouvoir, en 1982. Ce problème a commencé il y a bien des siècles. Quand les colons ont accordé aux différentes Églises des « terres de mission », le régime politique de la colonie a par là même reconnu, à côté du groupe des Européens et du groupe des Africains, l'existence d'un troisième groupe où peuvent vivre ensemble Blancs et Noirs. Il reconnaissait ainsi à l'Église un espace d'action. Il lui accordait une chance très sérieuse de pouvoir accomplir sa mission essentielle de promouvoir la compréhension mutuelle et la fraternité entre les races si différentes et de hâter l'heure de l'abolition de cette « ligne de démarcation » politique et économique constituée par la loi de répartition des terres.

C'est dans les fourgons des pionniers de Rhodes que les Africains virent arriver les premiers missionnaires, notamment les pères jésuites Hartmann et Prestage, accompagnés de mère Patrick o.p., avec ses assistantes infirmières et institutrices. À leurs yeux, ils faisaient partie intégrante de ce monde des Blancs, dont ils sont les « grands prêtres ». Les Africains ne se sont pas posé de questions, au contraire, ils les ont accueillis à bras ouverts.

En effet, les missionnaires étaient convaincus de la légitimité de l'aventure coloniale et de la légalité du pouvoir politique exercé par la British South African Police, BSAP, puisqu'elle le détenait du gouvernement britannique. Aussi ils acceptèrent, sans l'ombre d'une hésitation, de cette dernière des « titres de propriété » pour s'installer sur des terres dont les Africains se jugeaient les vrais propriétaires. L. Vambe posa cette question : « Comment ces hommes pouvaient-ils concilier leurs actes de piraterie avec leur religion ? »

Ainsi le peuple shona, si fier de son indépendance, était livré à la possession spirituelle et, en un certain sens, matérielle, des jésuites… Le

peuple de Chishawasha devint un peuple sans terre, condamné à vivre selon le bon plaisir de ses « propriétaires-missionnaires »[178].
Le récit de Roland Pichon dans le « drame rhodésien » explique cette situation.

Il est certes vrai que ces « propriétaires » étaient différents des autres colons. À Chishawasha, les missionnaires ne cherchaient point l'or ; ils construisaient des écoles, des dispensaires ; ils enseignaient la religion catholique. Il leur arrivait même, au moins à quelques-uns d'entre eux, de critiquer certaines méthodes des colons :

> « Nous pensons, écrivait l'un d'eux en 1896, que la tactique qui consiste à envoyer des agents de police indigènes à travers le pays pour rassembler de force les habitants, les obligeant à travailler ici et là, à l'endroit où l'on a besoin d'eux, leurs femmes étant prises comme otages pour qu'ils ne s'échappent pas, est injuste. Un gouvernement n'a pas le droit d'arrêter les gens et de faire pression sur eux de cette façon[179]. »

Mais s'ils blâmaient la tactique et les moyens employés, ils ne condamnaient nullement les « principes » de la colonisation. Ils approuvaient la politique des colons : il fallait intégrer les Africains dans la « civilisation du travail », former des « travailleurs ». Ils entendaient leur apprendre à se soumettre « à Dieu et au gouvernement.
Leur prise de position durant le soulèvement confirma cette approbation sans réserve de la politique coloniale (qu'on se souvienne des propos du père Richartz[180]. Ils firent bloc avec les colons et approuvèrent les châtiments infligés aux « rebelles », tout en s'efforçant de soulager les souffrances des vaincus et en les invitant à accepter la religion du monde des Blancs. Ainsi le père Richartz visita les deux héros Shonas Kagubi et Nehanda dans leur prison, avant leur pendaison, pour leur offrir les « secours de la religion » et le baptême. Nehanda refusa catégoriquement ; Kagubi, après un premier mouvement de refus, pressé par sa fille qui fréquentait l'école de la mission, accepta.

Bien des adultes africains, après la défaite, furent ainsi enclins à penser que « les missionnaires s'adonnant aux œuvres de miséricorde n'étaient que des loups déguisés en brebis, poursuivant les mêmes desseins que le gouvernement contre les Noirs[181] ». L'aventure

---

[178] Vambe Lawrence, *op. cit.*, p. 96.
[179] Davidson Basil, *Les Africains*, Paris, Le Seuil, 1968, p. 253.
[180] Richartz P., *Zambezi Mission records*, vol. 1, n° 2, 1898, Les archives jésuites, Harare, Zimbabwe, p. 40.
[181] *Idem*, p. 254.

missionnaire commençait, marquée d'un « péché originel » : l'Église se révélait comme la religion de l'État rhodésien.

III. L'ÉGLISE ET LA RÉPARTITION DES TERRES

La Commission Carter, chargée d'enquêter sur la question des terres, consulta les missionnaires. La très grosse majorité d'entre eux se montra favorable à la ségrégation territoriale. Car ils voyaient dans cette ségrégation un moyen de protéger les Africains contre l'influence des « mauvais Européens ». Rares sont ceux qui furent assez lucides pour s'opposer à cette politique raciste, et, parmi eux, il faut citer le prêtre anglican Arthur Shearly Cripps, déclarant : « Je ne crois pas que la ségrégation soit une politique juste pour une colonie britannique. Convient-elle pour un peuple chrétien ? Certainement pas[182]. »

Par cette prise de position, les missionnaires commettaient une dramatique erreur politique : ils risquaient de stopper définitivement l'aventure missionnaire, comme elle est bloquée en République d'Afrique du Sud, par la loi de l'Apartheid, qui s'oppose à toute existence de communautés multiraciales. En Rhodésie du Sud, la loi maintenait des îlots, les « terres de mission », où l'aventure pouvait continuer, ou plutôt commencer. Les missionnaires surent-ils exploiter cette « chance » ?

IV. UTILISATION DES « TERRES DE MISSION

Les « propriétaires-missionnaires » (suivant l'expression de L. Vambe) bâtirent des écoles, des dispensaires et hôpitaux, des églises, des fermes. À la mission anglicane de Saint-Faith, un couple de laïcs, Guy Clutton-Brock et sa femme Molly, démarra, dans les années cinquante, une expérience de coopération multiraciale authentique, qui ne put se prolonger bien longtemps. À cette exception près, partout ailleurs, les missionnaires ne purent sortir de leur rôle de « propriétaires », gardant tous les pouvoirs en leurs mains. Comme l'a écrit Clutton-Brock, « les missionnaires devinrent des propriétaires, des administrateurs, des médiateurs entre Dieu, le gouvernement colonial et les Noirs, ils semèrent la confusion dans l'esprit des Africains ».

---

[182] Cité dans *God's Irregular : Arthur Shearly Cripps*, par Douglas V. Steere, S.P.C.K., Londres, 1973, p. 20.

Ce n'est pas sans tristesse qu'il faut constater cet échec de l'aventure missionnaire, qui aurait pu susciter sur ces îlots des exemples vivants de vraies communautés multiraciales, démentant l'affirmation raciste de la Commission Carter. L'avenir de la Rhodésie aurait pu en être modifié radicalement. Mais, même pour la formation de son clergé, l'Église catholique n'a pas pu établir, jusqu'en 1975, un séminaire multiracial. Jusqu'en 1975, le plus grand collège jésuite, le collège Saint-Georges à Harare, n'était pratiquement fréquenté que par les enfants des colons. On pouvait voir deux églises non loin l'une de l'autre, une pour les Blancs, l'autre pour les Noirs. Comment l'Église pouvait-elle accepter une telle chose ?

Un tel échec peut s'expliquer par les conceptions théologiques et pastorales des missionnaires. Selon L. Vambe, l'enseignement de la religion des Blancs avait eu un effet nul sur le peuple des Shona, attachés à leur propre religion (Mwari). N'aboutissant pratiquement à aucun résultat auprès des adultes, les missionnaires consacrèrent tous leurs efforts à l'évangélisation par l'école. Il serait plus juste de dire, d'ailleurs, qu'ils pratiquèrent une politique de scolarisation religieuse, forçant pratiquement les écoliers à accepter leurs rites religieux : baptême, messe, même les prénoms, pour pouvoir ensuite lire et écrire à l'école. Les parents ne s'opposèrent point à ces obligations imposées à leurs enfants ; les enfants eux-mêmes acceptaient de s'y soumettre pour pouvoir bénéficier de l'instruction scolaire. Mais les cœurs n'étaient point changés ! La foi dans la religion ancestrale demeurait. En plus, il y avait quelques rivalités entre les catholiques et les protestants au niveau de la scolarisation.

Dans leur rapport de 1971, les évêques catholiques étaient bien obligés de reconnaître l'échec de cette « politique » :

> « L'école a été la principale méthode missionnaire. Mais maintenant, nous sommes dans une position très inconfortable : l'Église en Rhodésie est avant tout une Église d'enfants ; quand ceux-ci grandissent et arrivent à l'âge du mariage, ils suivent les coutumes païennes plutôt que les pratiques chrétiennes[183]. »

Ils étaient d'autant moins enclins à abandonner les coutumes et la foi ancestrale que l'enseignement et la théologie qui sous-tendaient ces rites

---

[183] *Bishops report to Rome*, écrit par le secrétariat de la conférence épiscopale de Rhodésie en réponse aux questionnaires de Rome, texte publié dans *Shield*, mensuel catholique de Rhodésie, juin 1972, p. 6.

des Blancs heurtaient profondément leurs sentiments religieux. Selon L. Vambe[184] :

> « Affirmer que le chemin du ciel dépend entièrement de quelques gouttes d'eau baptismale aspergées sur le front était non seulement incroyable, mais faisait apparaître Dieu comme un monstre de cruauté et de contradiction. Si cela était vrai (la nécessité absolue du baptême), les millions de Noirs ayant vécu et étant morts avant l'arrivée de l'homme blanc à Zimbabwe avec cette clé spéciale, étaient perdus. »

Vambe continue : si ce dogme de la nécessité absolue du baptême se heurtait à l'incrédulité, la condamnation morale de la polygamie provoquait l'indignation :

> « Imaginez l'indignation des gens de Chishawasha quand, pour la première fois dans leur histoire, une institution étrangère arrive et proclame son opposition dogmatique, d'une manière très véhémente, à cette pratique et déclare qu'il n'y a pas de place au ciel pour les polygames, s'ils refusent de renvoyer toutes leurs femmes et s'ils ne reçoivent la sainte eau baptismale. »

À l'impérialisme économique des colons correspondait ainsi un impérialisme religieux des missionnaires, imposant plus ou moins de force des rites religieux et une morale à des populations qui n'avaient nullement reçu la lumière de la foi en Jésus-Christ.

Quoi qu'il en soit, les Africains surent profiter de cette scolarisation religieuse pour acquérir les armes du langage de l'occupant et, surtout dans les écoles protestantes, une certaine connaissance de la parole révélée dans la Bible. L'histoire que rapporte le leader nationaliste, le révérend N. Sithole, dans son livre *Le nationalisme africain*, nous montre bien quel service les missionnaires rendirent au peuple de Zimbabwe : deux Africains discutent « politique ». « Vois-tu, dit l'un, le missionnaire est venu et a dit : « Prions. » Nous avons fermé les yeux. La prière finie, nous avons dit : « Amen. » Nous avions la Bible dans nos mains, mais nous étions dépouillés de nos terres. » À quoi l'autre réplique : « Quand les Européens occupèrent notre pays, nous nous battions avec des sagaies ; nous fûmes battus, ils avaient de meilleures armes. Les colons nous ont occupés contre notre volonté. Mais, vois, les missionnaires sont arrivés à temps et ont déposé des explosifs sous le

---

184 Vambe Lawrence, *op. cit.*, p. 170.

colonialisme. La Bible accomplit ce que nous ne pouvions faire avec nos sagaies. »[185]

« Instruments aveugles », comme les qualifie Sitholé, mais instruments quand même, les missionnaires rendirent un immense service à la cause du peuple de Zimbabwe. Presque tous les leaders nationalistes ont été formés dans les écoles de mission, surtout les écoles protestantes : Abel Muzorewa, le leader de l'ANC *(Conseil national africain),* Joshua Nkomo, leader de la ZAPU *(Union du peuple africain de Zimbabwe),* Robert Mugabe, actuel président du Zimbabwe, leader de la ZANU *(Union nationale africaine du Zimbabwe).*

Grâce à eux, après ce long entracte de cinquante années qui suivit la défaite militaire du peuple du Zimbabwe, une nouvelle bataille, militaire et politique celle-là, s'engage entre les Européens en position de dominants et les Africains décidés à recouvrer leur dignité. Le problème n'est plus le même… il s'est déplacé ailleurs.

---

[185] Sithole Ndabaningi, *African Nationalism,* Oxford University Press, Londres et New York, 1959, p. 53-54.

GRAPHIQUE N° 12 – PRÉSENTATION DES DEUX SYSTÈMES SCOLAIRES AU ZIMBABWE ET EN AFRIQUE DU SUD EQUIVALENCE DES ANNÉES SCOLAIRE EN FRANCAIS.

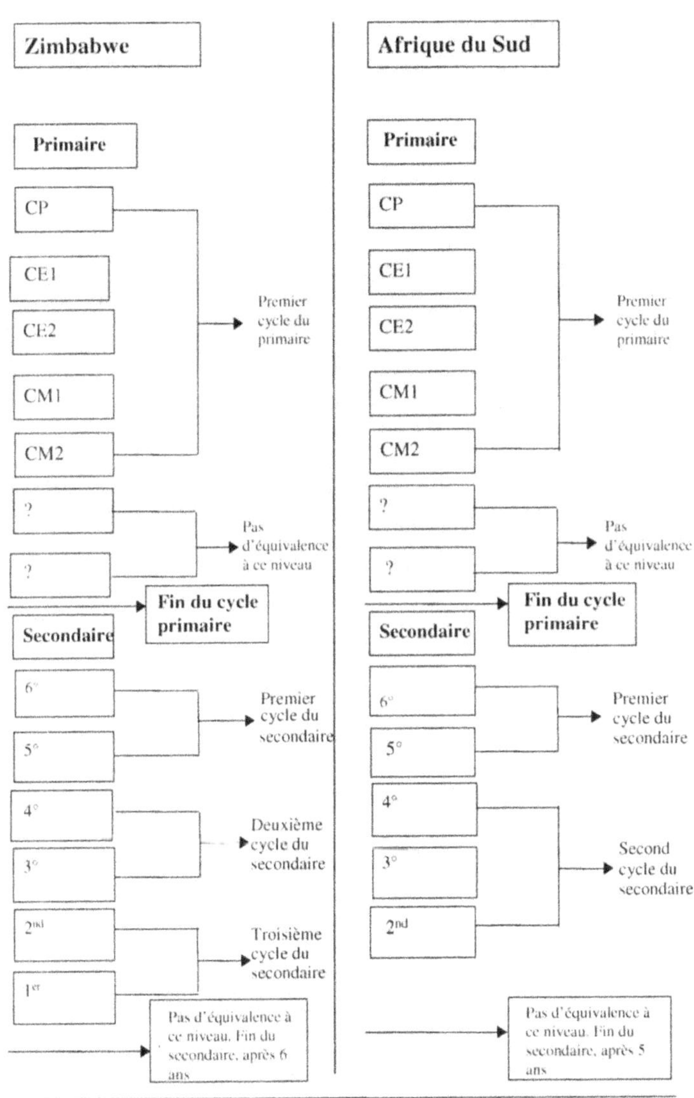

Source : auteur

Table des figures et tableaux

Table des matières

L'HARMATTAN, ITALIE
Via Degli Artisti 15 ; 10124 Torino

L'HARMATTAN HONGRIE
Könyvesbolt ; Kossuth L. u. 14-16
1053 Budapest

L'HARMATTAN BURKINA FASO
Rue 15.167 Route du Pô Patte d'oie
12 BP 226
Ouagadougou 12
(00226) 50 37 54 36

ESPACE L'HARMATTAN KINSHASA
Faculté des Sciences Sociales,
Politiques et Administratives
BP243, KIN XI ; Université de Kinshasa

L'HARMATTAN GUINÉE
Almamya Rue KA 028
En face du restaurant le cèdre
OKB agency BP 3470 Conakry
(00224) 60 20 85 08
harmattanguinee@yahoo.fr

L'HARMATTAN CÔTE D'IVOIRE
M. Etien N'dah Ahmon
Résidence Karl / cité des arts
Abidjan-Cocody 03 BP 1588 Abidjan 03
(00225) 05 77 87 31

L'HARMATTAN MAURITANIE
Espace El Kettab du livre francophone
N° 472 avenue Palais des Congrès
BP 316 Nouakchott
(00222) 63 25 980

L'HARMATTAN CAMEROUN
BP 11486
Yaoundé
(237) 458 67 00/976 61 66
harmattancam@yahoo.fr

www.ingramcontent.com/pod-product-compliance
Lightning Source LLC
LaVergne TN
LVHW010430230826
846092LV00009BA/1107